法華經宗要
법화경종요

법화경의 근본 요지

원효대사 지음
광제 권희재 옮김

법화경종요法華經宗要

지은이_원효
옮긴이_권희재

개정판 1쇄 발행일_2024년 7월 1일
펴낸곳_나무지혜 | 출판등록 2022년 10월 20일 제2022-000073호
주소_서울시 은평구 연서로 34길 11-1 은평창업지원센터
전화번호_010-3509-6513
팩스_0504-252-6513
홈페이지_www.badajihye.co.kr
전자우편_behindname@naver.com

표지그림_조이락 Irak7@naver.com

가격_12,500원
ISBN_979-11-981484-2-1 03220

본책은 2017년 8월 1일 초판 발행된 [법화경종요와 간추린 법화경]의 개정판입니다.
이전판에서 간추린 법화경이 분리되고 법화경종요가 개정되어 이번 판으로 새로 출간되었습니다.

껍데기를 열었다 함은,
열어 보인 문 바깥의 세 가지 수레가 곧 껍데기이며,
길 가운데 나타난 보물 성이 환상이며,
보리수나무 아래에서 깨달음을 이루신 것이 처음이 아니며,
숲에서 멸도하신 것이 마지막이 아니라는 것이다.

열매를 보이셨다 함은,
모든 중생이 다 나의 자식이며,
이승도 다 마땅히 부처를 이룰 것이며,
산수로 그 수명을 헤아릴 수 없으며,
겁화가 능히 그 정토를 태울 수 없다는 뜻이다.
이를 일러 글과 말이 아름답게 활짝 피었다 한 것이다.

-[법화경종요] [대의] 중에서-

법화경종요를 펴내면서

법화경을 제가 처음 만난 건 10년도 더 전인 2012년 경, 경북대학교 도서관에서였습니다. 당시 [동양과 서양이 다른 이유 다섯 가지를 집필하고 있던 저는 동양 정신 문명의 중요한 기둥으로 불교를 반드시 알아야 한다고 생각했고, 특히나 한국 전통의 대승 불교를 반드시 알아야 한다고 생각했습니다. 그러나 처음 접하는 불교는 수많은 언사에 파묻혀서 파악하기 어려웠고, 더군다나 선불교의 문자 파괴(?)에 비견될만한 논리 차단은 오히려 불교의 본모습을 알 수 없게 했습니다. 불교가 정말 무엇인지도 모른 채 접한 법화경은 그래서 당연히 이해하기 어려웠습니다.

이런 대승 불교의 난해함은 비단 저에게만 해당하는 문제가 아닐 것입니다. 칸트가 말한 인간 이성의 한계는 불교에서 입문 단계의 명제에 불과합니다. 색·수·상·행·식의 오온으로 이뤄진 우리 인간은 잠시라도 분별을 멈출 수 없고, 이것이 나다, 저것이 나가 아니다 하는 분별을 멈추지 못합니다. 그러나 육안만 가진 중생은 법안, 혜안 이전에 천안조차 가지기 어려우니, 인간은 사실 이 이성의 한계에 갇힌 운명인 것입니다. 이 때문에 금강경에서는 법상도 취하지 말고 비법상도 취하지 말라고 하셨습니다. 하지만 대부분의 사람은 여기서 길을 잃고 단멸상에 빠지고 맙니다. 현대의 유물론과 반종교적 세계관을 우러러 보는 마음이 본바탕에 있기 때문은 아닐까요?

법화경의 장면들은 인간의 육안으로 볼 수 있는 장면들이 아니고, 내용도 사실 이해불가입니다. 하늘에서 만다라꽃이 비처럼 내리는 장면만 해도 영적인 눈이 열리지 않으면 볼 수 없습니다. 방편품에서 석가모니 부처님께서 여래 십력을 말씀하시면서 소승으론 성불할 수 없다고 하시는 것부터 남방불교에선 인정할 수 없는 내용입니다. 하물며 다보탑이 땅에서 솟아나오고, 육만 항하강의 보살들이 땅에서 솟아나오는 장면을 우리 인간들이 어떻게 이해할 수 있겠습니까??? 부처님의 세계에 대해 모르는 중생들이 [법화경]을 접하면 그래서 완전히 판타지 소설로 볼 수 밖에 없습니다. 지구 밖의 다른 행성에 외계인이나 중생들이 있는지조차 알지 못하는데, 온 우주의 중생들을 교화하시는 무수한 백천만억의 화신 부처님께서 다보탑으로 모이시는 모습을 우리가 어떻게 알겠습니까?

자신의 세계관에서 벗어나는 진실을 볼 때 인간이 보일 수 있는 반응은 사실 '부정' 밖에 없습니다. 근대 이후 유물론에 파묻힌 현대인들은 사후세계나 영혼의 존재를 잘 믿지 않고, 당연히 부처님 세계에 대해서도 잘 모릅니다. 온 우주에 수많은 문명과 중생이 있고, 그런 무수한 중생들을 백천만 겁 이전부터 교화해오신 삼계의 지존 부처님께서, 이 지구란 사바세계에 우리 중생들을 건지기 위해 일부러 인간이 되셔서 들어오셨다는 사실은, 믿고 싶어도 믿기가 어렵습니다. 우리 중생의 근기가 낮기 때문이고, 저 정토가 있다는 것조차 모르기 때문이며, 우리 자신이 그런 자비심이 없기에 그러합니다.

하지만 이 법화경의 [여래수량품]에서 말씀하신 석가모니 부처님의 말씀이 옳다면, 상황은 완전히 달라집니다. 석가모니 부처님께서 진실로 백천만억겁 이전에 가장 높고 바른 깨달음을 이루셨고, 그리하여 이 우주의 목적을 달성하셨다면, 정말로 법화경의 말씀처럼 삼계의 법왕으로, 우주의 온 중생들을 건지고 계실 것이기 때문입니다. 여래께서 진정 가장 높고 바른 깨달음을 이루셨다면 이것이 사실일 수 밖에 없습니다. 석존께서 가장 높고 바른 깨달음을 이루셨다면 이 우주의 주인이실 수 밖에 없고, 그 우주적인 본체의 모습은 당연히 인간계의 것을 뛰어넘을 수 밖에 없을 것입니다. 그러나 인간은 육안으로 보는 세계 밖에 보지 못하니, 법화경이 우리 중생에게 이해 불가인 것은 당연지사입니다.

가장 높고 바른 법의 근거는 그 법 자체일 수 밖에 없습니다. 법화경을 증명하는 것은 법화경일 수 밖에 없습니다. 최소한 불안이 열려야 합니다. 다보탑이 솟아나 다보 여래께서 석가모니 부처님의 말씀을 증명하시는 것은 바로 이 때문입니다. 법화경에 이해할 수 없는 장면이 많은 것은 이 때문입니다. 인간이 어떻게 부처님의 깨달음과 말씀을 증명하겠습니까? 그러나 역설적으로 이런 빛의 세계에서만 내실 수 있는 경전이 이런 대승 경전, 법화경이나 화엄경이 될 수 있는 것입니다. 이러한 경전은 범부가 쓸 수 없는 것으로, 불안이 열리신 붓다가 쓰신 것을 우리 인간이 어디선가 가져오거나 수신해야만 접할 수 있습니다. 따라서 부처님의 화신이 인간으로 오셔서 대승 경전을 쓰셨다고 할 수 밖엔 없습니다. 또는 화엄경처럼 용궁에 있는 것을 가져오는 형식이어야 하겠지요.

현대에 이렇게까지 신화적인 내용을 진실이라고 믿는 교단은 사실 영산불교 현지사 이외에는 존재하지 않습니다. 경전을 도외시하는 조계종은 물론이고, 나무묘법연화경(남묘호렌게쿄)을 칭하는 창가학회나, 법화경을 소의 경전으로 하는 천태종조차 다보탑을 상징적인 의미, 문학적 장치로 보고 있습니다. 하지만 여래께서 거하시는 정토가 상주불멸하여 진실로 있다면, 현지사의 주장대로 다보탑과 다보여래 부처님, 육만 항하강의 보살들도 진실로 있을 것입니다. 이 사바세계가 차라리 환화이고 무상하고 거짓된 것이지 저 불국토가 환상이라 하는 것은 불교가 아니라 유물론입니다.

지금 이 세대는 원효의 '일체유심조'를 유물론에 끼워 맞추어 사후 세계를 부정하는 세대입니다. 천국이나 지옥이 모두 마음이 만들어낸 환상이라 하고 있습니다. 하지만 삼계유심이라고 하는 것이, 이 지구는 진짜 있지만 천국과 지옥이 없다는 뜻이 될까요? 이 지구가 환화이지만 있는 것처럼 천국과 지옥도 환화이지만 있는 것입니다. 천국과 지옥이 없다면 이 사바세계 또한 없어야 합니다. 허나 환화라도 이 사바세계가 있는 것처럼 사후 세계도 있는 것입니다.

지금부터 1300년 전이지만 어쩌면 그 때 신라 시대 사람들은 우리보다 더 진리에 가까웠는지도 모릅니다. 그 시대 사람들은 적어도 사후 세계와 영혼에 대해 부정하지 않았고, 육도윤회를 부정하지 않았습니다. 개념은 조금 달랐을 수도 있지만 대승불전도 기본적으로 진실이라 믿었습니다. 특히나 원효시대의 사람들은 용궁의 존재도 믿었을 테니 화엄경의 권위도 의심치 않았을 것입니다. 지금 현대인들은 비웃을 수도 있으나, 진리에 더 가까운 쪽은 어디일까요? 부처님의 세계는 인간의 과학을 뛰어넘습니다.

어쩌면 우리들이 법화경을 온전히 이해한다는 건 불가능할지도 모릅니다. 하지만 부처님에 대한 신심으로 - 여래께서 말씀하신 그 믿음으로 - 우리는 이 법화경에 진정 다가설 수 있으리라 생각합니다. 다만 저의 믿음 없음을 부처님께서 도와주시길 바랍니다. 원효 대사님이 이해하신 이 법화경의 진리가 우리에게 도움되기를 바라면서, 글을 맺습니다. 이것조차 물론 어그러짐이 있을 수 있으나, 부처님께 더 가까이 다가가는 길이 되길 빕니다.

"나무 삼계지존 시아본사 구원실성 석가모니불!"
"삼계의 지존이시며, 우리의 근본 스승되시는, 오랜 구원겁 전에 진실로 성불하신 석가모니 부처님께 귀의합니다!"

2024년 3월 11일 월요일
광제 권희재 씀

차례

법화경종요法華經宗要　　11

제1. 큰 뜻을 서술함　　14
제2. 경의 종지를 설명함　　22
제3. 작용을 밝힘　　54
제4. 경전의 이름을 해석함　　80
제5. 가르침이 어디에 속하는지를 밝힘　　88

특별 부록　　　　　　　　　　　　　　110

1. 원효의 법화 사상　　　　　　　　111
2. 원효의 일생　　　　　　　　　　115
3. 법화경 약찬게　　　　　　　　　119

일러두기
법화경종요 원문은 원효대사전집 1권에 실린 것을 참조하였습니다.
(원효 저, 조명기 편, 원효대사전집元曉大師全集, 寶蓮閣,1978)

법화경法華經

대승불교의 근본 경전. [화엄경], [금강경]과 함께 대승삼부경을 이룬다. 천태종과 법상종, 일본 일련종의 소의 경전으로, [화엄경]과 함께 동아시아 대승 불교에서 양대 산맥을 이루며 핵심적 위치를 점해왔다. 산스크리트어로 saddharma-pundarika sutra라 하는데, 한역본으로 구마라집의 [묘법연화경]이 가장 대표적이다. 이 [묘법연화경]의 약칭이 바로 [법화경]이다.

[법화경]은 석가여래께서 열반에 드시기 얼마 전 자신의 진실한 정체를 드러내시는 경전이다. 영산회상에서 열린 법회에서 석가여래께서는 자기가 반평생 동안 설해왔던 아함부의 가르침이 임시방편이었다고 말씀하시면서, 진실로 성불하기 위해서는 방편의 가르침으로는 불가능하며 오직 대승으로만 진실한 성불이 가능하다고 밝히신다. 이 때 대승의 핵심은 모든 중생을 부처님의 자녀로 여기는 일불승과, 무분별법에 들어가는 제법적멸의 이치, 그리고 여래에 대한 절대적인 믿음이다.

법화경 후반부에서 석가여래께서는 자신이 실제로는 젊어서 성불한 것이 아니라 무한한 시간 이전에 성불한 구원실성(久遠實成, 장구한 시간 이전에 이미 성불하였음)의 부처님이심을 밝히는데, 이는 석가여래께서 인간과 같은 수행자 이기 이전에 이미 우주 전체의 지존이셨음을 밝히시는 것이었다. [여래수량품]에 나오는 이 말씀으로 인해 동아시아 불교는 석가모니 부처님을 삼계의 지존이자 남섬부주(지구)의 교주, 신들을 모두 다스리시는 우주의 법왕으로 섬기게 된다. 개인적인 수행에서 벗어나 우주의 지존이신 석가모니불을 섬기는 대승 불교는 바로 이 때부터 탄생한 것이다.

# 法華經宗要
법화경종요

법화경의 근본 요지

원효대사 지음
광제 권희재 옮김

將欲解釋此經. 略開六門分別.

初述大意.

次辨經宗.

三明詮用.

四釋題名.

五顯教攝.

六消文義.

이 법화경을 해석하고자 하니, 크게 여섯 가지 방법으로 설명하겠다.
첫 번째, 큰 뜻을 서술한다.
두 번째로는 경의 종지를 설명한다.
세 번째로는 그 묘한 작용을 밝힌다.
네 번째로는 경전의 제목을 해석한다.
다섯 번째로는 그 가르침이 어디에 속하는지를 드러낸다.
여섯 번째로는 글의 뜻을 풀이한다.

第1 <述大意>

初述大意者.

妙法蓮華經者. 斯乃十方三世諸佛.
出世之大意 九道四生.
咸入一道之弘門也.

文巧義深. 無妙不極.
辭敷理泰. 無法不宣.
文辭巧敷. 華而合實.
義理深泰. 實而帶權.

理深泰者. 無二無別也.
辭巧敷者. 開權示實也.

開權者.
開門外三車是權.
中途寶城是化.

제1. 큰 뜻을 서술함

시작하며 큰 뜻을 서술한다.

묘법연화경은 곧 시방[1] 3세[2]의 모든 부처님들께서
세상에 출현하시는 대의를 밝히니, 9도[3] 4생[4]의 모든 중생들을
하나의 진리로 들어가게 하는 넓은 문이다.

글이 아름답고 뜻이 깊어 그 묘함이 극에 이르지 못함이 없고,
말이 활짝 피고 이치가 심대해 퍼지 못하는 법이 없다.
글과 말이 아름답게 활짝 피니 꽃이 열매를 머금은 것과 같고,
뜻과 이치가 깊고 심대하니 열매가 껍질[5]을 두른 것과 같다.

이치가 깊고 심대하다는 것은 둘도 없고 분별도 없음이요,
말이 아름답게 활짝 피었다는 것은 껍질을 열어 열매를 보임이다.

껍데기를 열었다 함은,
열어 보인 문 바깥의 세 가지 수레가 곧 껍데기이며,[6]
길 가운데 나타난 보물 성이 환상이며,[7]

1 　열 가지 방위로 팔방과 상하를 합하여 우주 전체를 아우른다.
2 　과거, 현재, 미래를 통칭하는 말.
3 　9가지 세계. 불교에서는 삼계라고 하여 세 가지 세계로 우주를 나누는데, 윤회 안의 욕계와 윤회 밖이지만 현상이 남아 있는 색계, 그 현상마저 벗어난 무색계로 구분한다. 이 삼계를 더 구체적으로 구분한 것이 구도이다. 중생이 거하는 세계 전체를 이른다.
4 　생물이 생겨나는 네 가지 방법의 총칭. 태에서 난 태생, 알에서 난 난생, 물에서 난 습생, 화하여 난 화생의 네 가지로, 인간 뿐 아니라 우주 전체의 모든 생명들을 포괄하여 이른다.
5 　방편을 이르는 말. 여래께서 진리가 너무 어려워 임시방편으로 설하신 소승小乘의 가르침을 이른다. 이 소승이 사실 진실한 열매가 아니기에 법화경에서야 이를 열고서 진실한 열매인 대승을 가르치신 것이다. 權 글자대로 풀이하면 임기응변이라 해야겠지만 문맥상 껍질로 번역했다.
6 　[간추린 법화경] 68p, "불타는 집의 비유 (삼계화택三界火宅의 비유)" 참조. 장자가 불타는 집에서 아이들을 꺼내기 위해 문 밖에 선물로 줄 세 가지 수레가 있다고 거짓으로 말한 것을 가리킨다. 최상의 수레를 차지하려 문 밖으로 아이들이 다 나가자, 장자는 모두에게 최상의 수레를 준다.
7 　[간추린 법화경] 148p, "마술성의 비유 (화성化城의 비유)" 참조. 여정이 너무 고단하고 힘들어 여행자들이 여행을 포기하려 하자, 인도자는 마술로 성을 만든다. 여행자들은 그 성이 도착지인줄 알고 푹 쉬지만, 휴식이 끝나자 인도자는 성을 다시 없애고 여행을 재개시킨다.

樹下成道非始.
林間滅度非終.

示實者.
示□(四)?生. 竝是吾子.
二乘皆當作佛.
算數不足量其命.
劫火不能燒其立[1].
是謂文辭之巧敷也.

言無二者. 唯一大事.
於佛知見. 開示悟入.
無上無異.
令知令證故.

言無別者.
三種平等.
諸乘諸身. 皆同一揆.
世間涅槃. 永離二際故.
是謂義理之深妙也.

---

1 立은 土의 오자로 보인다.

보리수나무 아래에서 깨달음을 이루신 것이 처음이 아니며,[8]
숲에서 멸도하신 것이 마지막이 아니라는 것이다.[9]

열매를 보이셨다 함은,
모든 중생이 다 나의 자식이며,
이승[10]도 다 마땅히 부처를 이룰 것이며,
산수로 그 수명을 헤아릴 수 없으며,
겁화가 능히 그 정토를 태울 수 없다는 뜻이다.[11]
이를 일러 글과 말이 아름답게 활짝 피었다 한 것이다.

둘이 없다는 말은 오직 한 가지 큰 일만 있다[12]는 뜻이니,
곧 부처님의 지혜와 생각을 열어 보여 깨달아 들어오게 하려 하심이다.
이보다 높은 것도 없고 다른 것도 없으니,
중생으로 하여금 알게 하고 증득케 하려 하심이다.

분별이 없다는 말은
세 종자[13]가 모두 평등하여,
모든 승법[14]과 모든 (부처님의) 몸[15]이 다 같은 하나로 헤아려지니
세간과 열반이 둘 사이의 경계를 영원히 여의었기 때문이다.
이를 일러 뜻과 이치가 심히 묘하다 하였다.

---

8   석가모니불께선 법화경에서야 자신이 사실 백 천 만억 나유타 겁 이전에 이미 깨달았다고 밝히신다. [간추린 법화경] 288p, "[여래수량품]" 참조.
9   여래의 수명은 영원함을 이른다. [간추린 법화경] 296p, "여래는 영원불멸하나 방편으로 열반에 든다고 말한다." 참조.
10 대승이 아닌 소승, 또는 성문승과 연각승을 이른다.
11 우주는 성주괴공을 반복하며 생겼다가 사라지지만, 여래께서는 자신이 계신 정토는 그에 상관없이 영원함을 법화경에서 밝히셨다. 이 정토를 가리킨다. [간추린 법화경] 314p, "3. 여래의 정토는 영원불멸하여 겁화도 태우지 못한다." 참조.
12 한 가지 큰 일이란 일대사 인연을 말한다. [간추린 법화경] 40p 참조.
13 성문승과 연각승, 보살승의 3승을 이른다. 성문승은 고집멸도 사성제의 이치를 통한 깨달음을 뜻하며, 연각승은 연기법을 통한 깨달음, 보살승은 일승의 이치를 통한 깨달음을 이른다.
14 위와 동일.
15 [견보탑품]에서 다보탑이 솟아나올 때, 세존께서 모든 분신 부처님들을 다 하나로 모으시는 데 이를 이른다. [간추린 법화경] 210p, "모든 석가모니의 분신불들께서 다보탑으로 모이시다." 참조.

斯則文理滅妙. 無非玄則.
離麁之軌. 乃稱妙法.

權華開敷. 實菓泰彰.
無染之美. 假喻蓮花.

然. 妙法妙絕. 何三何一.
至久至冥. 誰短誰長.

玆處怳惚. 入之不易.
諸子瀾漫. 出之良難.

於是如來. 引之以權.
羨羊車於鹿苑. 示有待之麁身.
駕白牛於鷲岳.
顯無限之長命.

斯迺借 一以破三.
三除一捨.
假脩以斥短. 短息而脩忘.

是法不可示. 言辭相寂滅.

이것이 곧 문리가 멸한 묘함이니, 현묘함이 아닐 수 없다.
거친 분별을 떠난 길이므로 이를 일러 묘법이라 칭하였다.

껍데기인 꽃이 활짝 피어 알맹이인 열매가 실히 드러났으니
물듦 없는 아름다움이므로 연꽃을 빌려 이를 비유하였다.

그리하여, 묘한 법이 묘하게 끊어지니, 무엇이 3[16]이며 무엇이 1[17]인가.
지극히 오래되어 이르기 아득하니[18] 누가 짧고 누가 길다 하겠는가.

이에 처하면 멍하여 흐릿해서 들어가기가 쉽지 않다.
모든 아이들이 어지러이 휩쓸리니 (불난 집에서) 편히 나오기가 어렵다.[19]

이에 여래께서는 임시방편을 써서 아이들을 이끌어 내셨으니,
탐낼만한 양 수레를 녹야원에서 굴리시며[20] 유한한 거친 몸을 보이셨으나
최고의 백우 수레를 영취산에서 주셨으니
이 때 무한히 긴 수명을 드러내셨다.

이는 곧 하나를 갖고 셋을 깨뜨리신 것이니[21],
셋을 제하면 하나마저 잊게 된다.
긴 것을 빌려 짧은 것을 물리치시니, 짧음이 그침으로 긴 것도 잊게 된다.

이 법은 보여줄 수 없는 것으로, 언어와 문자의 길마저 끊어졌거니와,[22]

---

16   3승, 대승과 소승 모두의 길.
17   1승, 최종적인 하나의 진리인 대승.
18   석가모니불께서 성불하신지는 사실 백 천 만억 나유타 겁 이전이니 이를 가리킨다.
19   [간추린 법화경] 68p, "불타는 집의 비유 (삼계화택三界火宅의 비유)" 참조.
20   석가모니불께서 무상정등각(깨달음)을 이루신 뒤 다섯 비구들에게 처음으로 [초전법륜경]을 설하신 곳으로, 사성제를 말씀하셨다.
21   법화경 이전에는 삼승이 다 인정되었으나 법화경부터는 오직 일승 하나뿐이다. 그래서 법화경이 대승불교의 특별한 지위를 점한다.
22   석가모니불께서 [방편품]에서 하신 말씀으로, 여래께서만 아시는 위없는 가장 바른 깨달음을 가리킨다. [간추린 법화경] 34p 참조.

蕩然靡據. 蕭焉離寄.
不知何以言之. 強稱妙法蓮華.

是以. 分座令聞之者.
當受輪王. 釋梵之座.
經耳一句之人. 竝得無上菩提之記.
況乎受演說之福.
豈可思議所量乎哉.

舉斯大意. 以標題目.
故言妙法蓮華經也.

휩쓸려 의지할 곳마저 사라지고 텅 비어 덧붙일 수가 없으니
어떻게 말로 표현할지 알지 못하므로 억지로 묘법연화경이라 칭하였다.

이리하여 자리를 나눠 양보해 다른 이로 (법화경을) 듣게 하면
응당 전륜성왕이나 제석천, 범천의 자리에 앉게[23] 되며,
경의 게송 하나라도 들으면 위없는 깨달음의 수기를 받으리니,[24]
하물며 경을 받아 지녀 널리 설한다면 그 복덕이 어떠하겠는가.[25]
어찌 그 무량한 복을 생각으로 헤아릴 수 있겠는가.

이러한 대의를 갖고서 그 제목을 표하므로
묘법연화경이라고 말하는 것이다.

---

23   [간추린 법화경] 338p, "2. 법화경 듣는 곳에서 다른 사람에게 자리를 양보해준 사람은 언젠가 왕의 자리에 앉으리라." 참조.
24   [간추린 법화경] 188p, "2. 여래 멸도 이후에도 법화경을 믿는 이는 반드시 성불할 것이다." 참조.
25   [간추린 법화경] 192p, "2. 법화경을 전하는 것은 곧 여래의 일을 대신 하는 것이다." 참조.

第2 <辨經宗>

第二辨經宗者.

此經. 正以廣大甚深一乘實相.
爲所詮宗

總說雖然. 於中分別者.
一乘實相 略說有二.
謂能乘人. 及所乘法.

此經所說一乘人者.
三乘行人. 四種聲聞.
三界所有. 四生眾生.
竝是能乘一佛乘人.

皆爲佛子. 悉時菩薩.
以皆有佛性. 當紹佛位故.
乃至無性有情. 亦皆當作佛故.

如寶雲經言.
菩薩發心. 便作是念.
一切世界中. 少智眾生. 愚痴瘖瘂.
無涅槃分. 不生信心者. □□(當爲?)菩薩之所棄捨.
如是眾生. 我皆調伏.

제2. 경의 종지를 설명함

두 번째로 경의 종지를 설명한다.

이 법화경은 광대하고 심히 깊은 일승의 실상을 바로하니,
이를 근본 종지로 삼는다.

총설은 비록 이러하나 그 가운데 구분하여 말하자면,
일승의 실상을 대략적으로 말하면 둘이 있으니
하나는 일승이 태우는 사람이고, 둘은 일승의 법을 이른다.

이 경에서 하나의 수레(일승)에 모든 사람을 태운다고 하는 것은
삼승을 행하는 사람이나 네 가지 성문[1]이나
삼계 전체에 있는 모든 4생 중생이
능히 다 일불승[2]에 탈 사람이기 때문이다.

모두가 다 부처님의 아들이요 전부가 곧 보살이니[3]
이에 다 불성이 있어 마땅히 부처님의 지위를 잇는다 하였으니
그래서 비록 무성유정[4]일지라도 마땅히 부처를 이룬다 하는 것이다.

[보운경]에 이르기를,
"보살이 발심할 적에 문득 생각하기를
'일체 세계 가운데 앎이 적은 중생들이 어리석고 벙어리 되어
열반의 몫도 없고 믿음도 내지 않아 응당 보살의 버린 바가 되나니,
이와 같은 중생들을 내가 다 조복시켜

---

1 사제법을 듣고 닦는 소승 중에는 수다원, 사다함, 아나함, 아라한의 네 법위가 있으니 이를 가리킨다.
2 한 부처님의 수레, 곧 모든 법계를 자신으로 여기시는 부처님의 법 자체와 그 법으로 구제하심을 이를 수 있다. 법화경의 최고 핵심 단어 중 하나다.
3 [간추린 법화경] 82p, "1. 부처님은 모든 중생의 아버지 되신다." 참조.
4 성性,정情,명命 셋이 생명을 이루는데 성性이 선의 근본에 해당하며, 정情이 악의 근본에 해당한다. 무성유정은 선의 근본이 없어 극히 악한 존재를 이른다. 부처님을 죽이려고 했던 제바달다가 이에 해당된다 할 수 있다. 법화경 [제바달다품]에서는 이런 제바달다조차 수기를 받는다. [간추린 법화경] 228p, "2. 석가모니 부처님께서 제바달다에게 수기를 주시다." 참조.

乃至坐於道長. 得阿耨菩提.
發此心時. 魔宮震動.
又言菩薩成佛. 眾願滿足.

方便品說. 三世諸佛. 但教化菩薩.
譬喻品云. 一切眾生. 皆是吾子故.
又言. 諸法從本來. 常自寂滅相.
佛子行道已. 來世得作佛.

斯則無一眾生. 而非佛子.
所以廣大.
此眾生界. 即涅槃界.
是故甚深.

如論說言. 三界相者.
謂眾生界. 即涅槃界.
不離眾生界. 有如來藏故.

是謂能乘一佛乘人也.

此一乘人 所乘之法
略而說之 有四種

그 후에야 도량에 앉아 아뇩다라삼먁삼보리를 얻으리라.'하였더니
그 때에 마궁이 진동하였다"하며
또 이르길 "보살이 성불하였고 중생들의 소원이 만족되었다"고 하였다.

[방편품]에 "모든 여래께서는 오직 보살되도록 가르치시는 것"이라 하셨고[5]
[비유품]에서는 "모든 중생은 나의 아들들이니라."고[6] 이르셨다.
또 "모든 법이 본래부터 항상 스스로 적멸한 모양을 따르니
불자가 이를 행하면 오는 세상에 부처를 이루리라."고[7] 말씀하셨으니

이는 곧 중생 중에 부처님의 자식 아닌 이가 하나도 없단 뜻이니
이를 광대하다 한 것이고
이 중생계가 곧 열반계라는 뜻이니
고로 심히 깊다 표현한 것이다.

[(법화)론論[8]]에서 말하기를 "삼계라는 모양은
중생계를 이르는데 이것이 곧 열반계이다."하였으니
중생계를 떠나서 여래장[9]이 있지 않은 까닭이다.

이를 일러 하나의 일불승으로 모든 사람들을 능히 구제한다고 한다.

이것이 하나의 수레로 사람을 구제함이고, 구제하는 바 그 법을
대략적으로 설하면 네 가지 종류가 있으니

---

5   [간추린 법화경] 40p 참조. 부처님들께서 모든 중생들을 보살되도록 가르치신다는 말씀이시다. 부처님께서 모든 중생을 부처님의 아들(불자佛子)이자 보살로 여기신다고 원효 대사는 여기에서 말하고 있다.
6   [간추린 법화경] 82p, "1. 부처님은 모든 중생의 아버지 되신다." 참조.
7   [간추린 법화경] 52p 참조.
8   부처님께서 말씀하신 것을 [경經]이라 하면 그 경전을 부연 설명한 것을 [론論], 다시 거기에 주석을 붙인 것을 [소疎]라고 한다. 여기에서 말하는 론은 [법화론]으로, 4세기 인도의 세친世親이 쓴 것을 6세기 북위 보리류지菩提留支가 한역한 것으로 생각된다.
9   여래장, 문자 그대로 풀이하면 여래를 감춘 창고. 그러나 원효는 이를 법신(法身)으로 풀이하니, 진리 그 자체인 부처님의 몸, 온 법계에 편만하신 광명 비로자나불로 이해할 수 있다.

一謂一乘理及一乘教
一乘之因 一乘之果

一乘理者 謂一法界
亦名法身 名如來藏

如薩遮尼揵子經云
文殊師利 白佛言
若無三乘差別性者
何故 如來說三乘法
佛言諸佛如來 說三乘者
示地差別 非乘差別
說人差別 非乘差別
諸佛如來 說三乘者
示小功德 知多功德
而佛法中 無乘差別
何以故 以法界法 無差別故

金光明經言
法界無分別 是故無異乘
爲度衆生故 分別說三乘
又此經言
諸佛如來 能知彼法 究竟實相

論釋此云
實相者 謂如來藏
法身之體 不變相故

하나라는 것은 일승의 이치 및 일승의 가르침,
일승의 씨앗, 일승의 열매를 이른다.

일승의 이치라는 것은 한 법계를 뜻하니
법신이라고도 이름하며 여래장이라고도 부른다.

[살차니건자경]에 이르기를
"문수사리불이 부처님께 사뢰기를
"만일 삼승의 차별성이 없는 것이면
어찌하여 여래께서 삼승의 법을 설하신 것입니까?" 하니
부처님께서 말씀하시기를 "모든 부처님들께서 삼승을 말씀하심은
경지가 각기 다름을 보인 것이지 승의 차별은 아니며,[10]
사람이 각기 다름을 보인 것이지 승의 차별은 아니다.[11]
모든 부처님들께서 삼승을 설하심은
작은 공덕을 보여 많은 공덕을 알게 하심이지,[12]
부처님의 법 가운데에는 승의 차별이 없느니라.
왜냐하면 법계의 법에 차별이 없는 까닭이니라."하셨다."

[금광명경]에 이르기를
"법계에는 분별이 없으니 그래서 다른 승법이 없다.
중생을 건지시려고 삼승으로 분별해 설하신 것이다."하였고
또 같은 경에서 이르길
"모든 부처님들께서는 저 궁극의 실상법을 능히 다 아신다."하였다.

[(법화)론論]에서 이를 해석하기를
"실상이란 여래장을 말하니
법신의 바탕으로 그 모양이 변하지 않는 까닭이다."하였고

---

10   乘(수레 승)이 결국 하나 뿐이라는 뜻은 결국 타야 할 수레가 하나뿐이고, 깨달아야 할 최고의 진리, 구제의 최고 진리가 하나뿐이라는 뜻이다.
11   중생의 근기가 달라서 일반인은 쉽게 제법적멸상諸法寂滅相(모든 법의 적멸한 모양)을 이해할 수 없다. 그래서 중생의 근기에 맞추어 삼승을 나누어 설하신다는 뜻이다.
12   소승의 법은 궁극의 법이 아니지만 그 작은 공덕을 통해서 대승에 들어가게 된다.

又下文言
同者示諸佛如來 法身之性
同諸凡夫 聲聞緣覺等
法身平等 無有差別故

案云
如來法身 如來藏性
一切眾生 平等所有
能運一切 同體本原
由是道理 無有異乘
故說此法 為一乘性
如是名為一乘理也.

一乘教者
十方三世 一切諸佛
從初成道 乃至涅槃
其間所說 一切言教

莫不令至 一切智地
是故 皆名為一乘教

如方便品言
是諸佛亦 以無量無數方便
種種因緣 譬喻言辭
而為眾生 演說諸法
是法皆為 一佛乘故
是諸眾生 從佛聞法

또 그 아래 글에 말하길
"동일하단 말은 모든 부처님들 법신의 본성을 보이는 것이니
모든 범부와 성문, 벽지불의 무리가 동일하다.
이는 법신이 평등하여 차별이 없는 까닭이다."하였다.[13]

생각하건대
여래의 법신은 여래장의 본성이니
일체 모든 중생이 평등하게 소유한 것이다.
능히 일체를 같은 바탕의 본원으로 돌이키니
이 도리에서 말미암기에 다른 승법이 없다 하는 것이다.
그러므로 이 법을 일승의 본성이라 하여
이처럼 일승의 이치라 이름하였다.

일승의 가르침이란
시방 삼세의 모든 부처님들께서
처음에 성도[14]하시고 열반에 드시기까지
그 사이에 설하시는 모든 말씀과 가르침으로,

(중생들로 하여금) 일체지[15]의 경지에 이르게 하지 못함이 없다.
그러므로 이를 다 일승의 가르침이라 이름 짓는다.

[방편품]에서 이르기를
"모든 부처님들께서도 한량없고 무수한 방편으로
가지가지 인연과 비유와 언사를 통해
중생을 위해 모든 법을 설하시되
그 법이 다 일불승을 위한 것이니라.
모든 중생들이 그 부처님의 법을 듣고

---

13 눈에 보이는 현상은 항상 변하더라도 그 가운데 모든 법은 적멸한 모양이어서 변하지 않는다. 이 불변의 실상이 언어로 표현될 수 없는 실상이며 여래장이고, 법신의 본바탕이다. 중생도 물론 여기서 벗어나 존재하는 것이 아니다.
14 깨달음을 이루시고
15 우주의 모든 것을 다 아는 지혜의 경지로, 부처님의 지혜를 말한다.

究竟皆得 一切種智故

是教遍通 十方三世
無量無邊 所以廣大故.
一言一句 皆爲佛乘 一相一味
是故 甚深如是 名爲一乘教也.

一乘因者 總說有二
一者性因 二者作因

言性因者 一切衆生 所有佛性
爲三身果而作因故.

如常不輕菩薩品云.
我不輕汝 汝等.
皆當作佛

論釋此言
示諸衆生 皆有佛性故.
又言決定增上慢 二種聲聞 根未熟故.
佛不與授記 菩薩與授記
菩薩與授記者 方便令發心故.
當知依此經意
而說趣寂二乘 無性有情

필경에는 모두들 일체종지를 얻느니라." 하셨으니[16]

이는 이 가르침이 시방 삼세에
한량없고 끝도 없이 두루 통하여 광대하기 때문이다.
말 하나, 구절 하나가 전부 일불승을 위한 것이니 한 모양에 한 맛이다.
이와 같이 심히 깊으므로 일승의 가르침이라 이름한다.

일승의 씨앗에는 총설하면 둘이 있으니
하나는 본성의 씨앗이고, 둘은 지어나감의 씨앗이다.[17]

본성의 씨앗이라 함은 일체 중생이 다 불성을 가지고 있어
삼신[18]이란 열매를 지어내는 연유가 되기 때문이다.

[상불경보살품]에 이르길,
"전 여러분들을 감히 가벼이 여길 수 없으니
여러분들은 전부 반드시 부처님이 되실 것입니다!"라고 하셨으니[19]

[(법화)론論]에서는 이를 해석하기를
"모든 중생에게 불성이 있음을 보인 것이다."하였고
또 말하기를 "증상만[20]이나 두 종류의 성문[21]은 근기가 미숙한 고로
부처님께서 수기를 주시지 않았고, 보살에게만 수기를 주셨다.
보살에게 수기를 주심은 방편에서 나와 발심케 하시려는 뜻이었다.
이 (법화)경의 뜻이 여기 있음을 알아야 하니,
여기 [상불경보살품]에서는 적멸함에 빠진 이승이나 무성유정도

---

16 [간추린 법화경] 42p, "1. 모든 부처님께서는 영원히 중생 구제를 위해 출현하신다." 참조.
17 굳이 말하자면 성性은 내면 안의 것이고, 작作은 외부적으로 행하며 만들어 나가는 것이다.
18 부처님의 세 가지 몸으로 법신法身, 화신化身, 보신報身을 말한다. 오직 부처만이 이 삼신을 다 구족하지만, 중생도 성불할 수 있으므로 이 삼신의 결과를 얻을 수 있다고 말하는 것이다.
19 [간추린 법화경] 350p, "2. 상불경보살이 증상만들에게 수기를 주다." 참조.
20 아직 부처를 이루지 못했는데도 최상의 경지를 얻었다고 착각하는 교만한 소승.
21 공의 이치에 들어갔으나 거기에서 멈춘 성문과, 대승에서 물러나 소승으로 후퇴한 성문들을 이른다.

皆有佛性 悉當作佛.

言作因者
若聖若凡 內道外道
道分福分 一切善根
莫不同至無上菩提

如下文言
或有人禮拜 或復但合掌
乃至舉一手 或復少傾頭
若人散亂心 入於搭廟中
一稱南無佛 皆已成佛道
乃至廣說

本乘經言
凡聖一切善 不受有漏果
唯受常住之果

大悲經言
佛告阿難
若有藥着三有果報 於佛福田
若行布施 諸餘善根
願我世世 莫入涅槃
以此善根 不入涅槃 無有是處
是人 雖不藥求涅槃

다 불성이 있어 전부 응당 부처를 이룰 것이라고 설하신다."고 하였다.[22]

지어나감의 씨앗이라 함은
성인이나 범부나, 정법이나 외도[23]나
도의 몫과 복의 몫이 있어 일체 선근의 몫을 가지므로
모두 위없는 깨달음에 이르지 못함이 없음이다.

그래서 다음과 같이 말씀하셨으니
"혹 부처님께 예배하는 사람 있어 다만 합장하되
한 손으로만 하거나 조금 고개를 숙이기만 하더라도,
혹 어떤 이가 산란한 마음으로 불탑이나 사당에 들어가
'나무불'이라 한 번만 부른다 해도, 이미 다 불도를 성취한 것이리라."[24]고
널리 설하셨다.

[본승경]에서는
"범부와 성인의 일체 모든 선은 번뇌의 과보[25]를 받는 게 아니라
오히려 상주불멸의 과보[26]를 받게 된다." 하였고

[대비경]에서는 말하길
"부처님께서 아난에게 이르시되
만일 어떤 이가 삼계의 과보에 집착하여 부처님의 복전에
보시를 하고 다른 선한 일들을 다하면서도
'나는 세세토록 열반에 들지 않기를 바란다.'고 할지라도,
이런 선근을 갖추고서도 열반에 들지 못함은 있을 수 없는 일이니라.
이런 사람은 비록 열반을 구하지 않아도

---

22 법화경을 설하실 때 석가모니불께서는 초반에 퇴장하지 않고 남은 대승의 수용자들에게만 수기를 주셨다. 그러나 수기를 못 받았다고 소승이 끝내 성불하지 못하는 것은 아니다. 이를 [법화론]에서 [상불경보살품]을 통해 말하고 있는 것이다.
23 外道. 정법이 아닌 길로, 불도가 아닌 다른 수행, 또는 다른 종교의 길을 이른다.
24 [방편품]에서 석가모니불께서 하신 말씀. [간추린 법화경] 56p, "3. 부처님을 예배함으로 성불에 이른다." 참조.
25 유루과有漏果, 번뇌가 있는 과보, 곧 생사윤회를 말한다.
26 상주불멸, 곧 불생불멸의 보리의 과보를 말한다.

然於佛所種諸善根
我說是人 必入涅槃.

尼健子經 一乘品言
佛語文殊 我佛國□(中?)
所有僧伽尼健子等.
皆是如來住持力故.
方便示現 此諸外道 善男子等.
雖行種種諸異學相
皆同佛法一橋梁度
更無餘度故

案云. 依此等文
當知佛法 五乘諸善
及與外道 種種異善
如是一切 皆是一乘
皆依佛性 無異體故

如法華論 顯此義
云何體法者 謂理無二體
無二體者 謂無量乘
皆是一乘故

而下文言
汝等所行 是菩薩道者

자연스레 부처님의 처소에 갖가지 모든 선근을 심게 되나니
나는 그런 사람이 반드시 열반에 든다고 말하느니라."고 하였다.

[니건자경]의 [일승품]에서는
"부처님께서 문수보살에게 말씀하시길 "나의 불국 중에는
승가와 더불어 니건자[27] 무리들도 있으니
전부 다 여래의 머물게 하는 힘 때문이니라.
방편으로 저 모든 외도의 선남자 무리들도 나타내 보이는 것이니
비록 가지가지 다른 모든 배움의 모양을 보이지만
전부 다 동일하게 불법의 한 교량으로 건너게 하니
다른 새로운 법도가 없는 까닭이니라."고 하셨다."

이러한 글들로 미루어 생각해 볼 때
응당 알 수 있는 것은 불법과 다섯 가지 승[28]의 모든 선과
그 외의 외도와 가지가지 다른 선들이
이처럼 전부 다 일승인 것이니,
다 불성에 의지하여 그 본바탕에 다름이 없는 연유이다.

[(법화)론論]에서는 저 뜻을 밝혀 드러내기를
"본바탕의 법[29]이란 무엇인가. 곧 이치에는 본바탕이 둘이 없음을 이르니
본바탕이 둘이 없다 함은 무량한 승법이
전부 다 하나의 승법인 까닭이다."

그 아래 글에서는
"너희들이 행하는 것이 다 보살도이다.

27　부처님 시대에 인도에 존재하던 육사외도六邪外道 가운데 가장 큰 세력이 있던 외도의 하나. 당시 자이나교의 중흥조로 고통을 통한 수행을 강조하였다. 현재도 인도에 그 교가 존속한다.
28　인천승(人天乘, 사람과 하늘에 나는 길), 성문승(聲聞乘, 사제의 이치를 통한 깨달음의 길), 연각승(緣覺乘, 연기법의 이치를 통한 깨달음의 길), 보살승(菩薩乘, 일승과 동일함, 깨달음을 구하되 중생을 구제하는 일에 전념하며 나아가는 길), 일불승(一佛乘, 제법적멸의 깨달음을 통해 일체를 제도하려는 길)의 다섯 가지 승.
29　체법體法, 체의 법.

謂發菩提心 退已還發者
前所修行 善根不滅
同後得果故者

為顯種子 無上義故
且約發心善根而說
非謂餘善 不得佛果
是故不違前所引文

由是言之
若凡若聖 一切眾生
內道外道 一切善根
皆出佛性 同歸本源
如是本來(末?)唯佛所窮

以是義故 廣大甚深
如是名為一乘因也.

一乘果者
略說有二種
謂本有果及始起果

本有果者 謂法佛菩提

如壽量品云.
如來如實之見 三界之相
無有生死 若退若出

이는 보리심을 발하였다가 물러나도 다시 발함을 이르니
전에 수행하였던 선근이 멸하지 않아
후에 동일한 결과를 얻는 까닭이다" 하였다.

이는 종자가 발아함에 더 높은 뜻이 없는 까닭이니,
장차 발심할 것과 선근을 합하여 말하는 것으로,
부족한 선근 때문에 불과[30] 얻지 못하는 걸 이르는 건 아니다.
고로 이전에 인용한 글과 어긋나지 않는다.

이러한 글들로 살펴볼 때
범부나 성인이나 일체 모든 중생이
불도이든 외도이든 일체 모든 선근이
전부 불성에서 나와서 같은 본원으로 돌아가니
이는 본래 부처님만이 아시는 것이다.

그 뜻이 이와 같이 광대하고 심히 깊으니
이를 이름하여 일승의 씨앗이라 하였다.

일승의 열매라 함은
대략적으로 말하면 두 가지 종류가 있으니
본디부터 있어온 열매와 또 비로소 비롯된 열매가 있다.

본디부터 있어온 열매란 법신불[31]의 보리[32]를 말하니

[여래수량품]에 이르기를
"여래는 삼계의 모양을 진실한 그대로 보나니
나고 죽는 것도 없고 물러나거나 나오는 것도 없고

---

30 불과佛果. 부처님 열매, 곧 성불을 이른다. 불과를 얻었다는 말은 부처가 되었다는 뜻이다.
31 부처님의 진리의 몸으로, 광명 그 자체이신 비로자나불을 이른다. 시간과 공간을 초월하여 법계에 상주불멸하시니 그 형체가 없고, 오거나 감이 없다.
32 불교에서 말하는 위없는 가장 바른 깨달음의 지혜를 말한다.

亦無在世及滅度者
非實非虛 非如非異.

案云.
此文就一法界 顯一果體
非有體故非實
非無體故非虛
非眞諦故非如
非俗諦故非異

如本乘經云.
果體圓滿 無德不備
無理不周 無名無相
非一切法可得 非有體非無體
乃至廣說

又言二體之外
獨在無二故
是明法佛 菩提果體.

始起果者 謂餘二身
如論說言

세간에 있거나 멸도 하는 일도 또한 없으니
참도 아니요 거짓도 아니며 같지도 않고 다르지도 않느니라." 하였다.[33]

생각하건대
이 글은 한 법계를 취하여 한 열매[34]의 본바탕을 드러낸 것이다.
본바탕이 있는 것이 아니므로 참이 아니라 한 것이고
본바탕이 없는 것도 아니므로 거짓이 아니라 한 것이며,
진제[35]가 아니므로 같지 않다 한 것이고
속제[36]도 아니므로 다르지 않다 한 것이다.

[본승경]에서는 이르길
"일승 열매의 본바탕은 원만하여 갖추지 않은 덕이 없고
두루 하지 않은 이치가 없어 이름도 없고 모양도 없다.
일체법이 얻을 수 있는 것 아니니 그 본바탕이 있지도 않고 없지도 않다."고
널리 설하였다.

또 말하길 "본바탕은 둘이 아니니
홀로 존재하는 게 둘이 없는 까닭이다." 했으니[37]
이는 법신불 보리의 본바탕을 밝힌 것이다.

비로소 비롯된 열매란 나머지 이신[38]을 말하니
[(법화)론論]에서 말하길

---

33 [간추린 법화경] 298p, "2. 여래는 삼계三界 속 중생처럼 삼계를 보지 않는다." 참조.
34 일승의 결과(一乘果, 일승의 열매)를 뜻한다.
35 眞諦. 평등하여 차별 없는 공空의 참된 이치. 속제의 반대말.
36 俗諦. 세속의 수준에 맞춰 알기 쉽게 설명한 이치. 진제의 반대말.
37 본바탕은 하나뿐이란 말이다. 있는 체體와 없는 체體로 나누는 것도 불가하다는 뜻이다.
38 법신, 화신, 보신의 삼신 중에서 법신을 제외한 화신과 보신을 말한다. 법신은 시간을 초월하여 법계에 항상 있지만, 화신은 부처께서 깨달음을 이루셔야 사바세계에 등장하시고, 보신도 깨달음을 이루셔야 절대계에 생겨나시니, 그래서 비로소 비롯되는 결과라 말하는 것이다. [간추린 법화경] 488p, "3) 삼신불" 참조.

報佛菩提者
十地行滿足 得常涅槃證故

如經言.
我實成佛已來 無量無邊
百千萬億那由陀劫故.

應化菩提者
隨所應見而爲示現.
謂出釋宮 樹下成道

及與十方分身諸佛
如寶塔品之所廣明

總而言之
一切衆生 皆修萬行
同得如是 □(佛?)菩提果
是謂一乘. 一乘果也.

"보신불[39]의 보리이니
십지행[40]을 구족하여 얻는 불멸의 열반을 증거한다." 하였으니

이 (법화)경의 말씀에
"내(석가모니불)가 실제 성불한 지는 벌써 무한하고 끝없는
백 천 만억 나유타 겁 이전이니라."고 하신 연유다.[41]

(그리고 이신 중의 나머지 하나인) 응화신[42]의 보리는
육체로 세간에 나오셔서 (붓다) 나타남을 보이신 대로이니[43]
석존께서 궁전에서 나오셔서 보리수 나무 아래에서 성도하심을 이른다.

이는 시방의 모든 석가모니 부처님의 분신 부처님들께도 해당되니
[보탑품]의 광명이 비춘 바와 같다.[44]

종합하여 말하자면
일체 중생이 전부다 모든 행을 닦아서
이와 같은 부처님의 깨달음이란 열매를 동일하게 얻으니
이를 일승이라 하며, 일승의 열매라 하는 것이다.

---

39 절대계(정토)에 존재하시는 부처님의 32상의 빛의 몸을 말한다. 법신은 형체가 없지만 보신은 32상이 있다. [법화경]에서 한량없는 오색 빛(무량억종광)을 발하시는 부처님의 몸은 사실 보신에 가깝다고 봐야 한다.
40 부처를 이루기 위해 보살이 행해야 할 10가지 행을 말한다. [화엄경]에 의하면 보살이 부처를 이루기 위해 거쳐야 할 10가지 수행 단계가 있는데 이를 십지十地라 하고, 이 십지를 달성하기 위해 행해야 할 각 수행법들이 십지행十地行이다.
41 [간추린 법화경] 290p 참조. 보신불은 부처님이 탄생하셔야 생기는 것인데, 이는 백 천 만억 나유타 겁 이전에 석가세존께서 성불하셨을 때 이미 절대계(정토)에 생겼고, 그 이후로 상주불멸의 정토에 석존의 보신불(노사나불)은 상주해 오셨다고 봐야 한다.
42 부처님께서 인간을 교화하기 위해서 인간 몸을 받으실 때에 그 인간이신 부처님을 부처님의 응화신이라고 한다.
43 석가모니 부처님의 보신불은 백 천 만억 나유타 겁 전부터 벌써 정토에 계셨고, 법신은 시간을 초월해 이미 계신데, 육체로 내려오신 석가모니께서는 성도하시기 전까지는 보통의 인간처럼, 깨닫기 전의 인간처럼 행동하시니 갖가지 고난의 여정을 따라가신다.
44 [간추린 법화경] 210p 참조. [견보탑품]에서 다보탑을 열어 다보여래 부처님을 뵙기 전, 석가모니불께서 시방의 온 분신 부처님들을 모으시는데, 저 모든 분신 부처님들께서도 각기 맡으신 그 세계에서는 응화신으로 동일한 과정을 거쳐서 성불하심을 이름이다.

如方便品云,
舍利弗知 娥本立誓願
欲令一切衆 如我等無異
如我昔所願 今者已滿足
化一切衆生 皆令入佛道

案云. 此文正明如來所願滿足
所以然者 遍化三世 一切衆生
如應皆令得佛道故

如寶雲經云
譬如油鉢 若已平滿
更投一滴 終不復受
菩薩成佛 衆願滿足
亦復如是 更無減少一塵之願

大雲密藏藏經云.
大雲密藏菩薩曰. 言世尊
唯願如來 爲未來世薄福衆生
演說如是深進大海水潮三昧
佛言. 善男子 幕作是言
何以故 佛出世難
此大雲經 聞者亦難
云何偏爲未來之.
吾當遍爲三世衆生 廣門分別

華嚴經云.
如來轉法輪
於三世無不至

[방편품]에서 이르시길
"사리불은 마땅히 알지니 내(석가모니불)가 본래 근본 서원 세우기를
일체 중생이 나와 같이 되어 다르지 않기를 소원하였으니
나의 이 옛 소원이 지금에서야 이제 만족되는도다.
일체 중생으로 하여금 모두 부처의 길로 들어오게 하였도다."[45]

생각하건대, 이 글은 여래의 소원이 만족함을 밝히신 것이니
왜 그런가 하면 과거 현재 미래의 일체 중생을 두루 다 교화해서서
전부 다 불도에 들게 하신 연유이다.

[보운경]에서 이르기를
"비유하자면 그릇이 가득차면
한 방울만 더하려 해도 끝내 받을 수 없는 것처럼
보살이 성불하여 온갖 소원을 만족한 것도
또한 이와 같아 티끌만한 원도 줄어든 것이 없다."하였다.

[대운밀장장경]에서는 이르길
"대운밀장보살이 말했다. 세존께 아뢰기를
"원컨대 여래시여, 미래세의 박복한 중생들을 위해
이와 같이 깊은 정진의 대해수조삼매를 설하여 주시옵소서."
하니 부처님께서 말씀하시길 "선남자여, 그런 말을 말라.
무슨 까닭이냐면, 여래께서 세간에 나타나시기 어렵고
이 [대운경]을 듣는 것도 또한 어려우니
어찌 미래의 중생만을 위해 치우치겠는가.
나는 마땅히 과거, 현재, 미래 중생을 위해 고루 널리 분별하리라."하셨다."

[화엄경]에서는
"여래께서 법륜을 굴리시니
과거, 현재, 미래의 삼세에 이르지 못함이 없다."하셨으니,

---

45 [간추린 법화경] 50p, "2. 부처님께서는 모든 중생이 자신처럼 되기를 바라신다." 참조.

依此等文
當知諸佛 初成正覺
一念之頂 遍化三世
一切衆生 無一不成無上菩提
如昔所願 已滿足故
說有一人 不成菩提
如昔所願 卽不滿故

雖實皆度 而無盡際
雖實無際 而無不度
以無限智力 度無限衆生故

而此經下文言
我本行菩薩道 所成壽命
今猶未盡 復倍上數.

論釋此云
我本行菩薩道 今猶未滿者
以本願故 衆生界未盡
願非究竟 故言未滿
非謂菩提 不滿足故.

所成壽命 復倍上數者
示現如來常命方便

이러한 글들로 비추어 볼 때
모든 부처님들께서 처음 정각을 이루실 때에
그 한 생각 가운데 과거 현재 미래의 모든 중생을 두루 교화하시어
위없는 깨달음을 이루지 못한 자가 하나도 없음을 알 수 있다.
이는 옛적 자기 소원이 만족되었다 하신 이유이니,
한 사람이라도 깨달음을 이루지 못했다 말한다면
옛적 소원이 아직 만족되지 않은 까닭이다.

(그러나) 비록 진실로 다 제도하였어도 그 끝이 있지 않고
비록 진실로 끝이 없어도 제도치 못한 이가 없으니[46]
무한한 지혜의 힘으로 무한한 중생들을 제도하시는 까닭이다.

그래서 이 법화경에서 아래의 글과 같이 말한 것이다.
"내(석가모니불)가 본래 보살도를 행하여 이룬 수명만 해도
아직 다하지 않아 (성불하신 후 지난 겁의) 그 갑절보다 많으니라."[47]

[(법화)론論]에서는 이를 해석하길
"'내가 본래 보살도를 행해 이룬 수명이 지금도 아직 차지 않았다' 함은
본래의 서원인 연유이며 중생계가 다하지 않아
서원이 끝나지 않은 까닭이니 고로 '차지 않았다' 말하신 것이다.
깨달음이 만족되지 않았다는 말이 아니다."

또 "'이루신 수명이 (성불하신 후 지난 시간의) 그 갑절보다 많다'는 것은
여래의 영원하신 수명을 방편으로 나타내 보이신 것이니

---

46   본유과(本有果, 본디 있어온 일승의 결과)의 입장에서는 이미 다 제도된 것이지만, 시기과(始起果, 비로소 일어난 일승의 결과)의 입장에서는 아직 제도해야 할 중생이 남아있다.

47   [간추린 법화경] 300p, "1.여래의 수명은 무량 아승기겁이다." 참조. 석가모니불께서는 [여래수량품]에서 자신이 최초에 성불한지 백 천 만억 나유타 겁이 지나셨다고 하셨는데, 보살도를 행하여 얻은 수명(선한 일을 행할수록 그 수명이 늘어남)은 오히려 이보다 배나 더 되어 아직도 다하지 않았다고 말씀하셨다.

顯多過上數量 不可數知故

此論意者
爲明約今衆生未盡□(度?)是時.
本願未滿
非謂菩提已滿
而其本願未滿
亦非本願未滿 而說佛法已足

如華嚴云.
一切衆生 未成菩提
佛法未足 本願未滿

是故當知 願與菩提不滿則已
滿則等滿 如是名爲一乘果也.

合而言之 理教因果
如是四法 更互相應
共運一人 到薩婆若
故說此四 名一乘法
猶如四馬 更互相應 共作一運
故說四馬 名爲一乘
當知此中道理亦爾

그 (지나간) 수량보다 훨씬 많아서 그 수를 알 수 없는 까닭이다."[48] 하였다.

이 [(법화)론論]의 뜻은
지금 이 시간까지 중생 구제가 끝나지 않았음과
본래 (부처님의) 서원이 차지 않았음을 밝힌 것이니
(중생들의) 깨달음이 이미 찼다는 말이 아니다.
본래 서원이 차지 않았다 하신 것도
본래 서원이 차지 않았는데 불법[49]이 이미 족하다고 하시는 게 아니다.

[화엄경]에서 말한 것과 같으니
"일체 모든 중생이 깨달음을 이루지 못하면
부처님의 법은 족하지 않고 본래 서원도 다 차지 않은 것이다."

그러므로 서원과 깨달음이 차지 않으면 곧 그만이지만
찬다면 같이 차야 한다. 이와 같기에 일승의 열매라 이름 짓는 것이다.[50]

종합하여 말하자면 (일승의) 이치와 가르침, 씨앗과 열매,
이와 같은 네 가지 법이 서로 호응하여
다함께 한 사람을 살바야[51]에까지 운반하니
고로 이 넷을 일승법이라 부른다.
마치 네 필의 말이 서로 호응하여 함께 한 수레를 운전하므로
이 네 말을 일승이라 부름과 같다.
이 일승법의 도리 또한 그러하다.

---

48 석가모니불께서 최초로 성불하신 후 지나간 시간은 너무 길어서 부처님께선 오백진겁의 비유로 이를 설명하셨다. ([간추린 법화경] 292p 참조.) 오백 천만억 나유타 아승기의 삼천대천세계를 티끌로 만들어 동방으로 가되 다시 오백 천만억 나유타 아승기의 세계를 지나서 한 티끌씩 떨어뜨리며 그 티끌을 다 떨어뜨릴 때까지 가는데, 이 티끌이 떨어진 곳과 떨어지지 않은 모든 세계를 다시 티끌로 만들어 한 티끌을 1겁으로 쳐도 여래께서 성불하신 지는 그보다 더 오래되었다. 이보다 더 갑절이라고 한다면 그 수는 정말로 상상불가이다.
49 佛法, 부처님의 법.
50 부처님의 깨달음은 이미 이루어지신 것인데, 문맥에 따르면 깨달음과 서원이 같이 차야 하므로, 서원 역시 이미 이루어지신 것으로 봐야 한다. 그러므로 결과라 부르는 것이다.
51 일체종지를 아는 경지, 곧 부처님의 경지를 이른다.

問理教及因 共運衆生
到薩婆若 此事可爾
果旣到究竟之處
云何與三共運衆生.

解云. 此有四義
一者由未來世 有佛果力
冥資衆生. 令生善心
如是展轉 令至佛地

如涅槃經云.
以現在世 煩惱因緣 能斷善根
未來佛性力因緣故
還生善根故.

二者 當果報佛 現諸應化
化今衆生 令得增進

如本乘經云.
自見己身當果
諸佛摩頂說法
身心別行 不可思義故.

三者, 此經 六處授記

질문하기를, "(일승의) 이치와 가르침 및 씨앗이 함께 중생을 운반하여
살바야에 이르게 하는 것은 가한 일이지만,
(일승의) 열매는 벌써 궁극의 경지에 이른 것인데
어떻게 셋과 같이 중생을 운반한다 할 수 있는가?"

풀어 설명하기를, "여기에는 네 가지 뜻이 있다.
첫째는 미래세 부처님의 불과의 힘으로
어둠에 갇힌 중생에게 선한 마음을 내게 하여
계속해서 전전시켜 부처님의 경지에 이르게 하심이다."

[열반경]에 이르기를
"현재세에 번뇌의 인연이 능히 선근을 끊을지 몰라도,
미래세에 불성의 힘과 인연이 있는 고로
돌이켜 다시 선근을 낸다."고 말한 이유다.

둘째는 (일승의) 열매되신 보신불께서 모든 응화신 불을 나타내시어
지금의 중생들이 증득해 나가도록 교화하심이다.

[본승경]에 이르길
"(부처님께서) 스스로 그 얻으신 몸(보신불)을 보시면서
모든 부처님의 정수리를 어루만지시며 법을 설하시니[52]
몸과 마음이 따로 행함이 불가사의하다."하신 이유다.

셋째는 이 법화경 여섯 곳에서 수기를 주셨으니[53]

---

52 법화경 [견보탑품]에 보면 석가모니불께서 시방 세계에 있는 수많은 당신의 분신 부처님들을 모으시는 장면이 나온다. ([간추린 법화경] 210p 참조.) 이는 석가모니 부처님께서 백 천 만억의 화신불을 내신다는 뜻이니, 온 우주의 모든 중생을 교화하기 위하여 무수한 몸을 나타내시어 각 세계에 각기 다른 방편과 다른 설법을 하시면서 수많은 곳에 동시에 존재하심을 알려준다.
53 [비유품], [신해품], [수기품], [오백제자수기품], [학무학인수기품], [권지품]의 여섯 곳에서 석가모니불께서 제자들에게 수기를 주셨다.

記當得成阿耨菩提
由得此記 策心進修
當果屬彼
□(亦?)得運彼故
下文言
各賜諸子等一大車.

四者. 此經中. 說一切種智.
無□(有?)不盡. 無德不備
一切眾生 同到此果

眾生緣此能詮 所詮發心
勝進逕四十心
游戲神通 化四生類
故說眾生. 乘於果乘

乘乘能運因地眾生
如下頌.
諸子是時 歡喜踊躍
乘是寶車 遊於四方

由方□(於?)是四義. 當知果乘
與餘三法 共運一人
人人四法因緣和合
遠離諸邊 不可破壞
除此更無若過若增

수기대로 응당 아뇩다라삼먁삼보리[54]를 성취할 것이기 때문이다.
이 수기를 얻음으로 말미암아 마음에 채찍질하고 수행에 정진하니,
마땅히 (일승의) 열매가 그(수기)에 속하고,
또한 그리로 운반되어진다.
다음처럼 경에서 말한 대로이다.
"각기 모든 아들들에게 가장 큰 수레를 주었다."[55]

넷째는 이 법화경에서 말한 일체종지가
다함이 없고 갖추지 않은 덕이 없어
일체 중생이 똑같이 다 이 열매에 도달하기 때문이다.

중생의 인연이 저(일체종지)를 능히 밝히니, 밝힌 것으로 발심하며
40가지 수행[56]의 경지로 수승하게 나아가
신통을 갖고 놀며 사생의 모든 중생을 교화하니
고로 중생들이 일승의 열매를 탄다고 말하는 것이다.

아직 깨닫지 못한 중생을 수레에 태워 능히 운반하니
그래서 다음과 같이 노래한 것이다.
"그 때 그 모든 아들이 크게 기뻐 뛰어놀면서
그 보물 수레를 타고서 사방으로 다니며 놀았느니라."[57]

이렇게 네 가지 뜻으로 보아 일승의 열매가
다른 세 가지 법[58]과 함께 한 사람을 같이 운반함을 알 수 있으니
사람마다 네 법의 인연이 화합하고
그 모든 경계를 멀리 떠나므로 파괴할 수가 없다.
이를 제외하고 더 낮거나 뛰어난 것이 없으니

---

54 위없는 가장 바른 깨달음으로, 이를 얻는다 함은 불과를 증한다는 것과 동일한 말이다.
55 [간추린 법화경] 72p, "3. 집 밖에 나온 아들에게 아버지는 최고의 보물을 선물한다." 참조.
56 십주十住, 십행十行, 십회향十回向, 십지十地의 40가지 경지로, 보살이 닦아야 할 행들을 말한다.
57 [간추린 법화경] 80p 참조.
58 일승의 이치, 가르침, 씨앗(理,敎,因)

如是名爲廣大甚深 究竟一乘眞實相也.
所詮之宗 略述如是.

그리하여 이를 광대하고 심히 깊은 궁극의 일승 진실상[59]이라 한다. 이것이 경의 종지에 대한 설명이니, 대략적으로 이렇게 서술하였다.

---

59 구경일승진실상究竟一乘眞實相

第3 <明能詮用>

第三明能詮用者.

如法師品云
一切菩薩阿耨菩提. 皆屬此經
開方便門 示眞實相
此文. 正明是經勝用
用有二種 謂開及示

開者 開於三乘方便之門
示者 示於一乘眞實之相.

總說雖然 於中有三
先開次示
第三合明開示之用.

先明開義 卽有二種
謂所開之門 及能開之用

所開之門. 卽三乘敎 此名方便
略有四義

一者佛方便智之所說敎.
依主立名 名方便敎
二者卽三乘敎 巧順三機
持乘□(業?)作名 名方便敎
三者爲一乘敎 作前方便
因是後說一乘正敎

제3. 작용을 밝힘

세 번째로 경의 능한 작용을 밝혀 설명한다.

[법사품]에 이르기를
"모든 보살의 아뇩다라삼먁삼보리의 모든 것이 이 법화경에 들어있으니
방편의 문을 열고 진실한 실상을 보여주기 때문이니라." 하셨으니[1]
이 글은 이 법화경의 뛰어난 작용을 정확히 밝힌 것이다.
작용에는 두 종류가 있으니 이른 바 여는 것과 또 보여주는 것이다.

여는 것은 삼승이란 방편의 문을 여는 것이고
보여주는 것은 일승의 진실한 모양을 보여주는 것인데,

총설은 비록 이러하나 자세히 하자면 그중 셋이 있으니
먼저 여는 것과 다음에 보여주는 것이고
세 번째가 여는 것과 보여주심의 작용을 종합해 밝히는 것이다.

우선 여는 뜻을 분명히 하자면 곧 두 가지가 있으니
하나는 문을 엶을 이르고 둘은 엶의 작용을 이른다.

문을 엶은 곧 삼승의 가르침을 방편이라 이름하신 걸 가리키니
이에는 대략 네 가지 뜻이 있다.

첫째는 부처님께서 방편의 지혜로 설하고 가르치셨다는 뜻이니
이에 의거해 이름하므로 방편의 가르침이라 명한다.
둘째는 (중생의) 세 가지 근기에 따라 삼승을 가르치되
그에 적당한 수레와 업을 따라 이름 하므로 방편의 가르침이라 이름한다.
셋째는 일승을 가르치시기 전에 방편으로 먼저 하시고
그 후에야 일승의 바른 가르침을 설하셨으니

---

1   [간추린 법화경] 202p, "2. 법화경에는 아뇩다라삼먁삼보리의 모든 것이 들어 있다." 참조.

對後正教 名爲方便
四者於一乘理 權說方便
非眞實說 是方便義
對眞實說 名爲方便
依此四義 故名方便.

此名爲門 有其二義
一者出義 諸子依此 出三界故
二者入義 又依此敎 入一乘故.

然. 門有二名
若言佛門人門 則門非佛人
若言板竹門 則門是板竹
今三乘敎 名方便門者
同板竹門 門卽方便
是故 名爲方便門也.

開方便門 方便有其二義
若望出義
說三乘時 開而不閉
望其入義
說三之時 閉而不開

雖出三界 未入一乘故
今說一乘敎言 三是方便
方開方便門 令入一乘故

뒤의 바른 가르침에 대비하여 방편이라 이름 한다.
넷째는 일승의 이치의 껍데기로 방편을 설하셨으니
진실한 말씀은 아니셨으므로, 이런 방편의 뜻을
진실한 말씀에 대비시켜 방편이라 명한다.
이러한 네 가지 뜻이 있으니 고로 방편이라 명한 것이다.

저(삼승, 방편)를 문이라고 명한 데는 두 가지 뜻이 있으니,
하나는 나오란 뜻으로 모든 아들이 저를 통해 삼계를 탈출하는 연유이고,
둘은 들어오란 뜻으로 또 저 가르침에 의거해 일승에 들어오는 연유이다.

그리하여 문에 두 가지 이름이 있으니
부처님 문이나 사람 문이라 말할 땐 문이 부처님도, 사람도 아니지만,[2]
대나무나 널빤지 문이라 말하면 이 문이 곧 대나무나 널빤지란 뜻이다.
이제 삼승의 가르침을 "방편문"이라 이름 하니
대나무나 널빤지 문과 같은 경우로 문이 곧 방편이 된다.
그러므로 방편문이라고 부르는 것이다.

그래서 방편문을 연다 할 때 방편에는 두 가지 의미가 있으니
(삼계에서) 나오길 바라는 의미에서 보면
삼승을 설하실 때는 연 채 닫지 않은 것이고,
(일승으로) 들어오길 바라는 의미에서 보면
삼승 때는 닫은 채 열지 않은 것이 된다.[3]

이는 비록 삼계를 나왔으나 아직 일승에 들어가지 않은 까닭이고,[4]
지금 일승의 가르침을 말씀하실 때에는 저 셋이 방편이어서
(방편문을) 열어둔 방향으로 들어와 일승에 들게 하려 하신 까닭이다.[5]

---

2 나온다는 의미에서는 사람의 문이지만 들어가는 의미에서는 부처님의 문이므로 두 이름 다 문의 이름으로 적절하지 않다.
3 여래께서 삼승을 설하실 때는 아직 일승을 가르치시지 않았으므로 닫아두신 셈이다.
4 아직 일승을 이해할만한 근기가 되지 않았기에 닫아둔 채 열지 않으셨다는 뜻.
5 갑자기 여시니 여래에 대한 믿음이 있다면 그 열린 문으로 따라가지 않을 수 없다.

如下文言
當知諸佛方便力故
於一佛乘 分別說三

此言正開方便之門
諸餘言語 例此可知.

次明示用 於中亦二
先明所示
次明能示

所示之眞實相
謂如前說 一乘人法
法相常住 道理究竟
天魔外道 所不能破
三世諸佛 所不能易
以是義故 名眞實相

而非三非一 無人無法
都無所得 如是正觀
乃名眞實究竟一乘

所以然者 諸有所得
無道無果 不動不出
故知如前 非三是一
能乘所乘 人法之相
不出四句 是有所得

아래 글에서 말한 것과 같다.
"모든 부처님들께 방편의 힘이 있는 고로
1불승을 분별하여 3승을 설하시는 줄을 알아야 하느니라."[6]

이 말이 방편의 문을 바르게 여는 것이니
다른 모든 말씀들도 이로부터 미루어 알 수 있다.

다음으로 보여주심의 작용을 밝히자면, 역시 두 가지가 있으니
먼저 보이신 바를 밝히고
그 다음에 (제자들이) 볼 수 있게 하신 작용을 밝힌다.

보여주신 것은 진실한 실상이니
앞에서 말한 바와 같이 모든 사람을 태우는 한 수레(일승)의 법으로,
그 법의 모양이 상주불멸이고 도와 이치가 궁극의 것이어서
천마나 외도가 능히 깨뜨릴 수 없고
과거 현재 미래의 모든 부처님들께서도 능히 바꾸실 수 없으니
이러한 뜻 때문에 진실한 실상이라고 부른다.

(이 경지에서는) 셋도 아니고 하나도 아니며 사람도 없고 법도 없어
얻을 바가 없으니 이처럼 바르게 관하여
진실한 궁극의 일승이라 칭하는 것이다.

이에 연하여 질문하기를, "얻은 바가 모두 있다 해야 하니
도도 없고 결과도 없어 움직이지도, 나오지도 않으니
그러므로 이전과 같음을 알아 셋이 아닌 하나라 하는 것일 것이다.
능히 태워 옮기되 이미 옮긴 바이니 사람과 법의 모양이
사구[7]에서 벗어나지 않으니 이것이 얻은 바이다.

---

6   [간추린 법화경] 80p 참조.
7   네 구절, 사구게四句偈의 준말로 사구에서 벗어나지 않는다 하면 글귀에서 벗어나지 않는다는 뜻이다. 이전 상태가 그대로인데 이 그대로의 사람과 법의 모양들은 원래의 모습에서 탈피하지 않았으므로 벗어나지 "못했다"고 질문자가 잘못 해석한 채 묻고 있는 것이다

云何說此爲眞實相.

解云, 此言不然 所以者何.
若言非三是一 不出四句故.
是有所得 非究竟者
是則有得爲非
無得爲是 亦入四句故
是有所得 亦非正觀

若言寄言說 無所得
而非如言取於無得
是故無得 不入四句者

他亦寄言 假說一乘
而非如言取於一乘
所以一乘 亦出四句

是故. 當知遂言俱非
不如言取 二說無異.

問, 若不取言. 皆爲實者
彼三乘敎 亦應是實.

答, 通義皆許 而有別義
以三乘敎下 都無三理

이를 어떻게 진실한 실상이라고 말할 수 있는 것인가?"

풀어 설명하기를, "그 말은 맞지 않으니, 왜 그런가 하면
만일 셋이 아닌 하나라 말한다면 사구에서 벗어나지 못하는 까닭이다.
얻을 바가 있다고 하면 궁극의 경지가 아닌 것이니[8]
이는 곧 아니라는 걸 얻은 것으로,
'얻은 바가 없다'는 말 역시 사구에 들어가기 때문이다.
이런 식으로 얻을 바가 있다 하는 것은 역시 바르게 직시하는 게 아니다.[9]

만일 말에 의탁해 말하되 '얻은 바가 없다' 해도
얻음 없음을 취한 말과 같지는 않으니
그러므로 얻음 없음은 사구에 들어가지 않는다.[10]

다른 이가 또한 말에 의탁해서 '일승'이라고 빌어서 말하여도
이는 일승을 취한 말과 같지는 않으니
이 일승이라 하는 것도 사구에서 나오게 된다.[11]

그리하여 마침내 아님을 갖춘 말이라도
취한 말과 다름을 응당 알 수 있으니 두 말이 (겉으로는) 다르지 않다."

묻기를, "만일 말을 취하지 않고 다 진실이라 한다면
저 삼승의 가르침 역시 응당 진실이 아닌가?"

답하기를, "공통된 뜻에는 다 통할 수 있으나 다른 의미가 있으니,
삼승의 가르침에는 그 아래 세 가지 이치가 없지만

---

8 [금강경]에서 여래의 아뇩다라삼막삼보리는 어떤 작은 법도 얻을 수 없음을 말한다고 하였다. (乃至無有少法可得 是名阿耨多羅三藐三菩提)
9 질문자가 '얻은 바가 없다'는 것에 집착하면서 그 아니라(非)는 견해를 이미 얻었음을 지적하고 있다.
10 원효 대사가 '얻은 바 없다' 말하는 것과 질문자가 '얻은 바 없다' 말하는 것은 말은 같지만 질문자는 얻은 바 없음에 집착하여 잘못 질문하고 있다.
11 원효 대사나 질문자가 둘 다 일승이라고 말하여도 원효의 일승은 사구게에서 나올 수 있고, 질문자의 것은 일승이란 말에 갇혀 나올 수 없다. 질문자는 일승이란 단어에 집착한 말로써 말하기 때문이다.

一乘教下 不無一理
故三是權 一乘是實
雖不無一 而非有一
是故, 亦非有所得也.
所示眞實 其相如是.

能示口(之?)用. 有其二種
一者則開之示
如前開三是方便時
卽知一乘 是眞實故
如開門時 卽見內物

二者異開之示
異前開三 別說一乘
聞之得悟 一乘義故
如以手口(開?)方見內物

如下文言
諸佛唯以 一大事因緣故
出現於世
如是等言 是示眞實相也.

第三合明開示用者
一開示中 合有四義
一者用前三爲一用
前三乘之敎 卽爲一乘敎故
二者將三致一
將被三乘之人 同致一乘果故
三者會三歸一
會昔所說三乘因果

일승의 가르침 아래에는 하나의 이치가 없지 않다.
그러니 삼승은 껍데기지만 일승은 알맹이다.
그러나 하나가 없는 것 아니지만 그 하나도 있는 것 아니니
그러므로 또한 얻은 바가 있는 것 아니다.
보여주신 실상의 진실한 모양이 바로 이와 같다."

(다음으로) 볼 수 있게 하신 작용을 설명하자면 두 가지 종류가 있는데
첫째는 갑자기 열어 보여주시는 것이다.
이전의 삼승이란 방편문을 갑자기 열어서
즉시 일승을 알게 하시니 그것이 진실인 까닭이다.
이는 마치 문을 열자마자 안에 있는 사물을 보게 되는 것과 같다.

둘째는 다른 (새로운) 문을 열어 보여주시는 것이다.
예전에 연 삼승의 문과 다른 일승을 분별하여 설하시니
듣는 순간 일승의 뜻을 깨달아 얻게 되는 연유이다.
이는 손으로 밀어 열린 방향을 따라 안의 사물을 보게 되는 것과 같다.

아래 글에서 말한 대로이니
"모든 부처님들은 오직 일대사인연으로 인해
세간에 출현하시는 것이니라."[12]하셨으니,
이와 같은 말들이 진실한 실상을 보여주는 것이다.

세 번째로 여는 것과 보여주시는 것의 작용을 종합하여 밝힌다.
하나의 열고 보이심 가운데 종합해서 네 가지 의미가 있으니,
첫째는 일승의 작용을 위해 이전의 삼승을 활용하심이다.
이는 이전 삼승의 가르침이 곧 일승의 가르침을 위하는 까닭이다.
둘째는 삼승으로 장차 일승에 도달케 하심이다.
삼승의 사람들도 장차 동일하게 일승의 결과에 이르게 하시는 까닭이다.
셋째는 삼승을 모아 일승으로 돌아가게 하심이다.
삼승의 씨앗과 열매에 대해 예전에 설하신 바를 다 모아

---

12 [간추린 법화경] 40p 참조.

還歸於本一乘理故
四者破三立一
破彼所執三乘別趣
以立同歸一乘義故

此經 具有如是 四種勝用
故言 開方便門 示眞實相.

問,
用三爲一
將三致一
是二未知以何爲證

答,
方便品言,
佛以無數方便 演說諸法
是法皆爲 一佛乘故
此文正是用三爲一之證也

又言
是諸衆生 從佛聞法
究竟皆得 一切種智
此言 正是將三致一之證也.

問,
會三因果歸本一者
爲當三皆非實故 歸於一實耶
爲當唯二非實故 歸於一實耶

근본 일승의 이치로 돌아가게 하시는 까닭이다.
넷째는 삼승을 깨뜨려서 일승을 세우심이다.
저 삼승이 구별해서 취해 모은 것들을 깨뜨려
동일한 일승의 뜻으로 귀결토록 세우시는 까닭이다.

이 법화경이 이와 같은 네 종류의 뛰어난 작용을 갖추었으므로
그리하여 "방편문을 열고 진실한 모양을 보여준다."고 하였다.[13]

질문하기를,
"일승을 위하여 삼승을 활용한다는 것과
삼승이 장차 일승에 도달케 한다는 것,
이 둘을 어떻게 증명해야 할지 모르겠다."

답하기를,
"[방편품]에서 말하기를
"부처님들께서 무수한 방편으로 모든 법을 설하시되
그 법이 다 일불승을 위한 것이니라." 하셨으니[14]
이 글이 일승을 위해 삼승을 활용하신 바른 증거이다.

또 말하기를
"모든 중생들이 그 부처님의 법을 듣고
필경에는 모두들 일체종지를 얻느니라." 하셨으니[15]
이 말은 삼승으로 장차 일승에 도달케 하신다는 바른 증거이다."

질문하기를,
"삼승의 씨앗과 열매가 모두 근본 일승으로 돌아간다 하였는데
셋이 다 참이 아니기 때문에 하나의 진실로 돌아가는 것인가?
아니면 둘이 참이 아니기 때문에 (나머지) 한 진실로 돌아가는 것인가?

---

13 [간추린 법화경] 202p, "2. 법화경에는 아뇩다라삼먁삼보리의 모든 것이 들어 있다." 참조.
14 [간추린 법화경] 42p, "1. 모든 부처님께서는 영원히 중생 구제를 위해 출현하신다." 참조.
15 바로 위와 같은 페이지 참조.

若如後者 何故 經言.
我有方便力 開示三乘法
若如前者 云何復言
唯是一事實 餘二卽非眞

答,
或有說者 三皆非實 如前文說
而言一實 二非眞者
三中之一 與無三之一
俱是佛乘 通說是實
餘二不用 開別言非實
由是義故 二文不違

或有說者 唯二非實 如後文故
而說三乘 皆方便者
於一實中 加二非實
合說爲三 是三非實

如人手內 實有一果
方便言三 三非是實
無三果故
考而論之
一果是實 二是方便
有一果故

만일 후자의 말대로라면 왜 법화경에서 말하길
"내게 방편의 힘이 있어 삼승법을 열어 보였느니라."하였으며[16]
만일 전자의 말대로라면 왜 법화경에서 말하길
"오직 하나의 일만 진실이요 나머지 둘은 진실이 아니니라."[17] 하였는가?[18]

답하기를,
"어떤 이는 앞의 인용문과 같이 셋이 다 참이 아니라고 말한다.
그런 이는 (뒤의 인용문에 대해서) "하나만 참이고 둘이 참이 아니라 한 것은
셋 가운데 하나와 셋이 없는 하나를 함께
갖춘 것을 일불승이라 통설하여 진실이라 말한 것이다.
나머지 둘은 쓰지 않기에 열어 구별하여 참이 아니라 말하였다.
이런 뜻으로 말미암기에 두 인용문이 서로 틀리지 않는다."고 주장한다.

혹 어떤 이는 뒤의 인용문과 같이 둘만 참이 아니라고 말한다.
그런 이는 (앞의 인용문에 대해) "삼승을 다 방편이라고 한 것은
하나의 진실 가운데 두 가지 참 아님을 더하여
합해서 삼승이라 말하는데 이 삼승이 참이 아니라고 한 것이다.

마치 어떤 사람이 손에 실제 하나의 열매를 갖고 있는데
방편으로 세 개라 말한다면 이 셋이란 말은 참이 아니니,
세 열매는 없기 때문이다.
이렇게 논하여 생각해보면
한 열매가 진실이요 나머지 두 개는 방편이니
한 열매만 있는 까닭이다."라고 하였다.

---

16   [간추린 법화경] 52p 참조.
17   [간추린 법화경] 48p 참조.
18   원효 대사는 "삼승 중에서 셋이 다 참이 아닌가, 아니면 둘만 참이 아닌가?"라는 이 질문에 즉답을 피하면서 여러 견해를 소개하고 있다. 질문 자체가 분별에 빠진 까닭으로 생각된다.

如智度論云.
於一佛乘 開爲三分
如一人分一斗米 以爲三聚
亦得言會三聚歸一
亦得言會二聚歸
會三會二 猶是一義 不相違也.

或有說者 前後二文
各有異意 不可一會

所以然者 三乘之敎 有其二種
一者別敎 別敎三乘
三皆非實 三皆方便

以彼敎說
三僧祇劫 唯修四度
百劫之中 修相好業
最後身中 修於定慧
菩提樹下 成無上覺

如是因果 以爲佛乘
是故佛乘 亦是方便

若論通敎 所說三乘
佛乘是實 定餘二非眞

[(대)지도론][19]에서 이르길
"일불승을 삼승으로 구별하여 설하신 것은
마치 한 사람이 한 말의 쌀을 세 개로 나눠 취한 것과 같다.
셋을 모아 하나로 돌아간다는 말이나
나머지 둘을 모아 돌아간다는 말이나,
셋을 모으나 둘을 모으나 오히려 한 뜻이어서 모양이 다르지 않다."하였다.

혹 어떤 이는 앞과 뒤의 두 인용문이
각기 다른 의미가 있어 하나로 합쳐질 수 없다고 말하기도 한다.

왜 그러냐 하면 삼승의 가르침에는 두 종류가 있는데
첫째 별교(別敎;분별의 가르침)로 삼승을 분별하여 가르친다.
여기선 셋이 다 참이 아니고 셋이 다 방편이니

이 교설에서는
삼대 아승기겁 동안 다만 네 가지 도[20]를 닦고
백 겁 동안 모양이 좋은 업을 닦은 후
최후의 몸으로 선정과 지혜를 수행하여
보리수나무 아래에서 위없는 깨달음을 이루게 된다.[21]

이와 같은 씨앗과 열매를 통해 (일)불승을 이루니
그러므로 불승 역시 방편이 된다.[22]

반면 둘째, 통교(通敎;통합의 가르침)에서 삼승을 논한 바에 따르면,
일불승만 참이고 나머지 둘은 참이 아니라고 정의한다.

---

19 [대품반야경]의 주석서로 2~3세기 인도의 용수 보살이 쓰고 5세기에 구마라습이 한역한 책. 한역본만 전하는데 원본의 일부만 번역하였다 하는데도 100권으로 구성되어 있으며, 주석서인데도 대승불교의 백과사전이라고 할 만큼 분량이 방대하다. 기본적으로 반야경의 주석서이고 공의 문제를 깊이 다루었으나 대승불교, 법화경의 제법실상諸實相도 심도 깊게 논의하였다.
20 육바라밀 중 앞의 네 바라밀을 말한다. 보시, 지계, 인욕, 정진.
21 교가의 가르침으로 이 가르침대로라면 붓다 하나가 나오는 데 삼대 아승기겁이 걸린다.
22 일불승, 곧 보살승으로 수행해도 삼대 아승기겁이 지나야 붓다가 될 수 있기 때문이다.

以彼教說 於十地中
具修六度 萬行圓滿
致薩婆若 此薩婆若果
不與三世合.

如是因果 究竟眞實
此爲佛乘 豈是方便

是故. 當知二文意異
我有方便力 開示三乘法者
是顯別教 所說三乘也.

唯是一事實 餘二則非眞者
是對通教 所說三乘
其餘諸文 皆作是通.

問,
若說別教三乘因果 皆是方便故
歸一者.
爲歸一因 爲歸一果

答,
於一佛乘 分別說三故
隨其本. 歸因歸果

是義□(如?)何.

이 교설에서는 (보살의) 십지 가운데
육바라밀을 수행해 갖추고 만행을 원만히 행하여
살바야에 이르는데 그 살바야의 결과는
과거, 현재, 미래의 합과 같지 않다.[23]

이와 같은 씨앗과 열매를 통해 궁극의 진실에 이르니
저 일불승이 어찌 방편이겠느냐, 라고 한다.

그리하여 (두 설에 따르면) 두 인용문의 의미가 다름을 알 수 있으니
"내게 방편의 힘이 있어 삼승법을 열어 보였느니라."라고 하신 말씀은[24]
분별의 가르침에서 말한 삼승을 나타낸 것이요,

"오직 하나의 일만 진실이요 나머지 둘은 진실이 아니니라."고 하신 말은[25]
통합의 가르침에서 말한 삼승에 해당한다.
나머지 다른 글들도 다 이와 같이 해석할 수 있다.

질문하기를,
"별교別敎의 견해처럼 삼승의 씨앗과 열매가 전부 방편이어서
일승으로 돌아간다고 하면,
일승의 씨앗으로 돌아가는 것인가, 일승의 열매로 돌아가는 것인가?"

답하기를,
"일불승을 분별하여 삼승을 설하셨기 때문에
그 근본을 따라 (일승의) 씨앗으로 회귀하고 또 열매로 회귀한다.

이 뜻이 무엇인가 하면,

---

23   앞에서는 3대 아승기겁이 걸려야 붓다가 된다 하였는데 이 통교에서는 시간의 필요성을 건너뛰고 있다.
24   [간추린 법화경] 52p 참조.
25   [간추린 법화경] 48p 참조.

聲聞緣覺 若因若果
皆於一因 分別爲二

如經說言
聲聞緣覺 若智若斷
皆是菩薩 無生法忍

當知此二 皆歸一因
歸一因故 終致一果

彼教中說佛乘因果
分別佛地化身少分

如經說言
我實成佛已來
百千萬億那由陀劫故
當知彼說佛乘因果
同歸於此一乘果內.

若有菩薩 依彼教故
望樹下佛 發心修行
如是願行 歸於一因
同彼二乘 未至果故

성문과 연각 이승은 씨앗이나 열매나
다 일승의 씨앗을 분별해 둘이 되었다는 뜻이다.

경에서 다음과 같이 설한 것과 같다.
"성문과 연각의 지혜나 끊어짐은[26]
전부 다 보살의 무생법인[27]이다." 하였으니

저 둘이 다 일승의 씨앗으로 회귀함을 응당 알 수 있다.
일승의 씨앗으로 회귀하므로 종국에는 일승의 열매에 이르게 된다.

저 (별교의) 가르침에서는 일불승의 씨앗과 열매를 설할 때
부처님의 경지를 구별해 (부처님의) 화신의 적은 부분만 설한 것이니

법화경에서
"내가 실제 성불한 지는 벌써
백 천 만억 나유타 겁 이전이니라."고 말하셨기 때문이다.[28]
그러므로 저 교설에서는 불승의 씨앗과 열매가
똑같이 저 일승의 열매 속으로 회귀하게 된다.

만일 어떤 보살이 저 (별교의) 교설에 의지하여
보리수나무 아래에서 성불하길 바라며 발심하여 수행한다면
그와 같은 원력과 수행은 일승의 씨앗으로 돌아가나
다른 이승과 똑같이 (일승의) 열매에 이르지는 못할 것이기 때문이다.[29]

---

26 지혜는 깨달음을 이루는 원인에 해당하고 번뇌의 끊어짐은 깨달음의 결과에 해당한다.
27 법이 생겨난 적이 없음을 아는 지혜. 모든 법은 난 적이 없으므로 멸하지도 않는다. 이 법인은 곧 모든 법의 실상, 일승의 진실상과 연결된다.
28 [간추린 법화경] 290p 참조.
29 별교에서 말하는 3대 아승기겁만의 성불은 틀린 것은 아니어도 부처님의 화신의 적은 부분만 말한 것이니, 일승의 진실상 그 자체를 다 포괄하지는 않는다고 원효는 말하는 것 같다. 그래서 그 별교의 교설대로는 삼승이 모두 성불하기에 충분하지 않다고 지금 말하는 것이다. 실제 [방편품]에서도 석존께서는 사리불 같은 이가 삼대 들어서듯 세간에 가득 차 무량겁을 사유해도 여래의 지혜를 알 수 없을 것이라고 말씀하셨다.

通而言之 應作四句
一以方便因 歸眞實因
謂菩薩因及二乘因
二以方便果 歸眞實果
謂於樹下 成無上覺
三以方便因 歸眞實果
謂樹下佛 前菩薩行
四以方便果 歸眞實因
謂二乘人之無學果

總攝如是四句 以說會三歸一.

問,
方便敎中
有人天乘
何故 不會此二 唯會彼三

答,
會三之言 亦攝此二
所以然者 法華敎中
說三乘有二.

一者. 三車所譬 出喩品.
二者三草所呪[1] 出藥草品
此義云何
人天二乘 合爲小乘 如小藥草
聲聞緣覺 名爲中乘 女中藥草
依彼別敎 發心菩薩 說名爲大乘 如大藥草

---

[1] 況의 오자가 아닌가 한다.

종합해서 말하자면 다음과 같은 네 구절로 요약할 수 있다.
첫째 방편의 씨앗(因)이 진실상의 씨앗으로 회귀하니
이승의 씨앗이 보살의 씨앗에 미치는 걸 이른다.
둘째 방편의 열매(果)가 진실상의 열매로 회귀하니
나무 아래에서 위없는 깨달음 이루심을 이른다.
셋째 방편의 씨앗이 진실상의 열매로 회귀하니
보리수 아래 부처님께서 이전에 보살행 하셨음을 이른다.
넷째 방편의 열매가 진실상의 씨앗으로 회귀하니
이승의 수행자가 무학과 얻음을 이른다.

이와 같은 네 글귀를 통틀어 "삼승이 모여 일승으로 돌아간다."한 것이다.

질문하길,
"방편의 가르침 중에는
인천승(人天乘;인간과 하늘에 나는 가르침)[30]도 있는데
무슨 이유로 그 둘은 회귀하지 않고 저 삼승만 회귀한다 하는가?"

답하기를,
"삼승이 회귀한다는 말에 인천승도 역시 포섭된다.
왜냐하면 법화경에서
설한 삼승 가운데 인천승이 있기 때문이다.

첫째 예는 세 수레의 비유로 [비유품]에 나오고,
둘째 예는 세 약초의 비유로 [약초유품]에 나온다.
(약초의 비유로) 그 뜻을 살펴보면
인간과 하늘에 나는 가르침을 합쳐 소승, 곧 작은 약초라 하였고,
성문과 연각을 중승이라 이름하고 그를 중간 약초라 하였으며,
저 별교에서 말하는 발심한 보살을 대승이라 하고 큰 약초라 하였다.[31]

---

30 인천승人天乘으로, 오계와 십선의 계율을 기본적으로 잘 지켜서 악도에 떨어지지 않고 도로 인간으로 환생하거나 욕계 하늘 안의 천상에 태어나는 걸 말한다. 그러나 윤회에서 벗어나는 것은 아니다.
31 [간추린 법화경] 122p, "3. 깨달음의 단계는 중생마다 다 다르다." 참조.

會此三乘 卽攝五乘 然彼人天

會因而不會果
果是無記 不作一因故
彼因善法 有二功能
報因功能 亦不會之
有受盡故
等流因用 是今所會
無受盡故
會此因義
入第一句.

問,
會三歸一 其義已顯
破三立一 云何可知

答,
欲知此義 有廣有略
略而言之 破四種三
一執三教 定非方便
二執三人 定是別趣
三執三因別感
四執三果別極
破此四種所執之相
遣其四種能執之見.

여기서 (일승으로) 회귀하는 삼승은 곧 인천승까지 포섭하여 오승이 된다.

(그러나 인간과 하늘에 나는 가르침은)
(일승의) 씨앗으로는 회귀해도 열매로 회귀하진 못하니
그 열매가 남지 않아 일승의 씨앗을 이루지 못하는 까닭이다.[32]
저 (인천승의) 인因, 그 선법에는 공적과 재능 둘이 있는데
그 공능의 응보도 (일승의 열매로) 회귀하진 못하니
다함이 있기 때문이다.[33]
그래도 등류인[34]의 작용은 바로 지금 회귀하니
이는 다함이 없기 때문이다.[35]
이것이 저 (일승의) 씨앗으로 돌아간다는 뜻이니
(위에서 설명한 네 글귀 중에) 첫 번째 글귀[36]에 들어간다.

질문하길,
"삼승이 모여 일승으로 돌아가는 이치는 그 의미가 이제 잘 드러났다.
하지만 삼승을 깨뜨려 일승을 세우는 이치는 어떻게 알 수 있는가?"

답하기를,
"그 뜻을 알려고 하면 광의가 있고 대략이 있는데,
대략을 말한다면 삼승을 깨뜨림에 네 종류가 있다.
첫째는 삼승의 가르침이 결정코 방편이 아니라는 집착이고,
둘째는 삼승의 사람들이 결정코 다른 방향으로 향한다는 집착이고,
셋째는 삼승의 씨앗이 다르게 시작된다는 집착이고,
넷째는 삼승의 열매가 다르게 맺힌다는 집착이다.
저 네 종류의 집착의 상을 깨뜨려
네 종류의 집착이 만든 견해를 놓아버리게 한다.

---

32 인천승을 이루는 선업은 유루복으로, 윤회를 벗어나진 못한다.
33 선업을 많이 쌓아 하늘에 난다 해도 복을 다 쓰면 다시 인간계나 악도로 떨어진다.
34 등류과等流果에 해당하는 인因. 좋은 원인에서 좋은 결과, 나쁜 원인에서 나쁜 결과가 나오는 것처럼 원인과 결과가 성질이 같은 경우를 등류等流라고 한다.
35 선인선과善因善果, 악인악과惡因惡果라는 작용 그 자체는 영원하다.
36 방편의 인이 진실상의 인으로 돌아간다는 구절이다.

是故, 建立一乘眞實 謂立一敎故
則破三敎 立一人故
則破三人 立一因故
則破三因 立一果故
則破三果 立一理性
通破四三
以四一皆 同一乘理故

略說如是 廣而論之
爲破十種凡聖執故
說七種譬 及三平等
此義至彼第六門釋
第三明詮用竟也.

그리하여 일승의 진실상이 건립되니 이에 일승의 가르침이 바로 서고,
곧 삼승의 가르침이 깨지니 일승의 사람이 바로 서고,
곧 삼승의 사람이 깨지니 일승의 씨앗이 바로 서고,
곧 삼승의 씨앗이 깨지니 일승의 열매가 바로 서고,
곧 삼승의 열매가 깨지니 일승의 이치와 본바탕이 확고히 서게 된다.
이렇게 두루 통하여 삼승의 네 집착을 깨뜨리니
이 네 가지[37] 일승의 요소들이 전부 동일한 일승의 이치인 까닭이다.

대략을 말하면 이와 같으나 광의로 논하자면
범부와 성인들의 10가지 집착을 깨뜨리는 것이니
법화경의 7가지 비유[38]와 삼승의 평등함을 말해야 한다.
그 의미는 제6장의 해석에서 살필 것이다.
제3장 [작용을 밝힘]은 이렇게 마친다.

---

37   일승의 가르침(교敎), 사람(인人), 씨앗(인因), 열매(과果)
38   <법화경>에서 말한 일곱가지 비유, (1) 화택의 비유(비유품) (2)궁자(窮子)의 비유(신해품) (3) 약초의 비유(약초유품) (4)화성의 비유(화성유품) (5) 의주(衣珠)의 비유(수기품) (6) 계주의 비유(안락행품) (7) 의자(醫子)의 비유(여래수량품)

第4 <釋題名>

第四釋題名者.

具存梵音 應云薩達摩分陀利迦修多羅
此云妙法蓮華經

言妙法者 略有四義
一者巧妙
二者勝妙
三者微妙
四者絶妙.

言巧妙者.
此經
巧開方便之門
巧滅執三之見
巧示眞實之相
巧生已一之惠
以是四義 而作眞軌故 言妙法

言勝妙者
此經
能宣一切佛法
能示一切神力
能顯一切秘藏
能說一切深事
以此四義 最爲勝妙故 名妙法

제4. 경전의 이름을 해석함

네 번째로 경전의 이름을 해석한다.

원래 범어로는 "살달마 분타리카 수트라[1]"라고 하는데
이를 묘법연화경이라 부르게 되었다.

묘법이라 말함에는 대략 네 가지 뜻이 있는데
하나는 교묘하다는 것이요,
둘은 승묘하다는 것이요,
셋은 미묘하다는 것이요,
넷은 절묘하다는 것이다.

교묘하다 말한 것은
이 법화경이
교묘히 방편의 문을 열기 때문이고,
교묘히 삼승에 집착하는 견해를 멸하기 때문이고,
교묘히 진실한 모양을 보여주기 때문이며,
교묘히 일승의 은혜를 벌써 내기 때문이다.
이와 같은 네 뜻이 진정 궤를 같이 하며 이루기에 묘법이라 말하였다.

승묘하다[2] 말한 것은
이 법화경이
능히 모든 불법을 펴기 때문이고,
능히 모든 신통력을 보이기 때문이고,
능히 모든 비밀한 밀장을 나타내기 때문이며,
능히 모든 깊은 일들을 설하기 때문이다.
이와 같은 네 뜻이 최고로 승묘하기에 묘법이라 명하였다.

---

1 범어로 saddharma-pundarika sutra 라고 읽는다. 이를 한역한 것이다.
2 뛰어나게 기묘함을 이른다.

如神力品云
以要言之 如來一切所有之法
如來一切 自在神力
如來一切 秘密之藏
如來一切 甚深之事
皆於此經 宣示顯示[1]顯說故
言妙法.

言微妙者
此經所說 一乘之果
無妙德而不圓
無雜染而不淨
無義理而不窮
無世間而不度
以是四義故. 名微妙之法

如譬喩品云
是乘微妙 淸淨第一
出諸世間 爲無有上
故言妙法

言絶妙者.
此經所說 一乘法相
廣大甚深
離言絶慮
以是四義故 爲絶妙之法

如方便品云
是法不可示 言辭相寂滅

1 　顯示 두 글자는 법화경 본문에는 없다. 중복으로 실수로 들어간듯 하다.

[(여래)신력품]에서 이르시기를
"요약하여 말하자면 여래의 모든 소유한 법과
여래의 모든 자재한 신통력과
여래의 모든 비밀하고 중요한 법장과
여래의 모든 깊고 심오한 일들을
이 경이 전부 베풀어서 보여주어 나타내고 있느니라." 하였으니[3]
그래서 묘법이라 말한 것이다.

미묘하다 말한 것은
이 법화경이 설하는 일승의 열매가
덕이 묘하여 원만치 않음이 없기 때문이고,
잡되거나 물든 것, 깨끗지 않은 것이 없기 때문이고,
뜻과 이치가 막힘이 없기 때문이며,
세간에 제도하지 못하는 이가 없기 때문이다.
이와 같은 네 뜻이 있는 고로 미묘한 법이라고 부른다.

[비유품]에서 이르기를
"이 (일불)승은 미묘하고 청정하기가 제일이라,
모든 세간에서 더 높은 것이 없느니라." 하였으니[4]
고로 묘법이라 말하는 것이다.

절묘하다 말한 것은
이 (법화)경에서 설한 일승법의 모양이
광대하고 심히 깊으며
말을 떠나 생각까지 끊어지니
이와 같은 네 뜻으로 인해 절묘한 법이라 한다.

[방편품]에서 이르길
"이 법은 보여줄 수 없는 것으로 언어와 문자의 길마저 끊어졌거니와

---

3   [간추린 법화경] 372p, "2. 여래의 모든 비밀과 진리가 이 법화경 안에 다 있다." 참조.
4   [간추린 법화경] 82p 참조.

諸餘衆生類 無有能得解故.

此四義中
巧妙勝妙之法 當能詮用立名
微妙絕妙之義 從所詮宗作目

合而言之
具含如是 巧勝微絕
十有六種極妙之義
十方三世無二之軌
以是義故 名爲妙法
妙法之名 略釋如是.

蓮華之喩 有別有通
通者.
此華必具華鬚臺實四種
合成殊爲美妙
喻於此經
具四妙義 合成一經
故名妙法

別而言之 即有四義
一者 蓮華之類 有四種中
分陀利者 是白蓮華
鮮白分明 花開實顯
喻於此經 了了分明
開權顯實之巧妙也.

모든 중생들 중에 능히 이를 알 수 있는 자가 없느니라." 하신 연유이다.[5]

이 네 가지 (묘법의) 뜻 중에서
교묘와 승묘의 법이 능히 경의 쓰임을 설명하기에 이름으로 세운 것이요,
미묘와 절묘의 뜻이 경에서 밝힌 종지를 따르기에 명목으로 삼은 것이다.

종합하여 말하자면 법화경이
이와 같은 교묘함과 승묘함과 미묘함과 절묘함을 다 품어
16가지의 극히 묘한 뜻을 가져서
시방 삼세에 궤를 같이 하는 것이 둘도 없으므로
이러한 까닭에 묘법이라 이름 하였다.
묘법이란 제목의 간략한 해석이 이와 같다.

연꽃의 비유에는 분별의 뜻이 있고 통합의 뜻이 있다.
통합의 뜻부터 살펴보면
연꽃은 반드시 꽃과 꽃 수염, 꽃 받침대와 열매의 네 가지를 함께 갖추어
다 합쳐 특별한 아름다움의 묘를 이루니,
법화경에 비유하자면
갖춘 네 가지 묘한 뜻[6]이 합쳐져 하나의 경전을 이룬 것과 같다.
고로 묘법이라 이름 지은 것과 통한다.

분별의 뜻을 말하자면 곧 네 가지가 있다.
첫째, 연꽃의 종류에 네 가지가 있는데 그 중에
분타리[7]가 있어 곧 백련화이다.
고운 흰 색이 뚜렷하여 꽃이 열리면 열매가 분명히 드러나니
이 (법화)경의 깨달음과 요의가 분명한 것을 비유하였다.
껍데기를 열어 알맹이를 드러낸 교묘한 뜻을 가리킨다.

---

5   [간추린 법화경] 34p 참조.
6   앞에서 말하였던 교묘, 승묘, 미묘, 절묘한 뜻.
7   산스크리트어 pundarika의 음사. 흰 연꽃을 말한다.

二者, 此花凡有三名
未敷之時 名屈摩羅
將落之時 名迦摩羅
已敷未衰 處中之時
開榮勝盛 稱分陀利
喻於此經大機正發之盛時
宣示顯說之勝妙也.

三者, 此花非直出離泥水
亦乃圓之香潔 眾美具足
喻於此經所說佛乘
出煩惱濁 離生死海
眾德圓滿之微妙也.

四者, 此花非直荷廣藕深
亦乃不着水滴 不染塵垢
喻於此經所說一乘法門廣大 道理甚深
離言絶慮之絶妙也.

由是, 四義有同妙法故
寄是喻以立題名也.

둘째, 이 꽃에는 무릇 세 가지 이름이 있으니
피지 않았을 때는 '굴마라'라고 하며,
꽃이 진 이후에는 '가마라'라고 하며,
꽃이 핀 후 시들기 전까지
개화한 꽃이 수승함을 이룰 때 '분타리'라고 칭하나니
이는 곧 법화경에서 대근기의 올바른 발심자가 깨달음을 이룰 때에
(일승법을) 베풀어 보이고 드러내어 설하는 숭묘한 뜻을 가리킨다.

셋째, 이 꽃은 흙탕물에서 나온 것임에도 불구하고
또한 향기롭고 깨끗하며 둥글어서 갖가지 아름다움을 갖추었으니
이 법화경에서 설한 일불승이
탁한 번뇌에서 나와 생사의 바다를 떠나서
갖가지 원만한 덕을 미묘하게 갖춘 것과 같다.

넷째, 이 꽃은 잎이 넓고 연뿌리가 깊이 묻혀 있음에도 불구하고
한 방울의 물도 묻지 않고 더러운 진흙에도 더럽혀지지 않으니
이 법화경에서 일승법의 문이 광대하고, 도의 이치가 심히 깊은데도
말을 떠나 생각마저 끊어지니 그 절묘한 것이 연꽃과 같다.

이처럼 네 가지 뜻이 '묘법'과 같은 까닭에
이처럼 (연꽃의) 비유에 의탁하여 그 제목을 정하였다.

第5 <明教攝門>

第五, 明教攝門者.

是法華經 何教所攝
爲是了義 爲不了義
有說此經 是不了義

所以然者
大分佛教 有三法輪.

一者, 有相法輪
唯爲發趣 聲聞乘者
依四諦相轉法輪故 如阿含經等.

二者, 無相法輪
唯爲發趣菩薩乘者
依法空性轉法輪故 如般若經等.

三者, 無相無上法輪
普爲發趣三乘者
依諸法空 無自性性 而轉法輪
無上無容故 如解深密經等.

此中前二 是不了義
第三法輪 是眞了義
是義具如彼論廣說.

제5. 가르침이 어디에 속하는지를 밝힘

다섯 번째로 이 (법화경의) 가르침이 어느 범주에 속하는지를 밝힌다.

이 법화경은 어떤 가르침에 속하는가?
곧 요의경[1]인가, 불요의경[2]인가?
어떤 이의 주장에 따르면 이 경은 불요의경이다.

이유를 말하자면,
부처님의 가르침을 크게 나누면 세 가지 법륜이 있는데

첫째는 유상 법륜(有相法輪;상이 있는 법륜)으로써
오로지 성문승을 향하는 이들을 위하여
사성제에 의거하여 법륜을 굴린다. 아함경 등의 가르침을 말한다.

둘째는 무상 법륜(無相法輪;상이 없는 법륜)으로써
오로지 보살승을 향하는 이들을 위하여
법의 공한 성품에 의거하여 법륜을 굴린다. 반야경 등의 가르침을 말한다.

셋째는 무상 무상 법륜(無相無上法輪;상이 없는 위없는 법륜)으로써
삼승 모두를 위하여
모든 법의 공함과 자성[3]없는 본성에 의거하여 법륜을 굴리니,
더 높은 가르침이나 용납하는 다른 가르침이 없다. 해심밀경 등이 속한다.

이 셋 중에 앞의 둘은 불요의경이고,
세 번째 법륜이 진정한 요의경이다.
그 갖춘 뜻이 이러하니 저 논論(법화론?)에서 널리 설한 바와 같다.

1 　부처님의 깨달음을 그대로 드러낸 경.
2 　부처님의 깨달음을 완전히 드러내지는 못하여 방편을 포함하고 있는 경.
3 　자성自性, 스스로 보존하는 독자적인 성질. 모든 법은 그 자체로 홀로 존재하지 못하므로 스스로 존재하지 못한다. 이 때문에 자성이 없다고 표현하고, 이를 무자성無自性이라 말한다.

此法華經. 是第二攝
如偈說言
諸法從本來 常自寂滅相
佛子行道已 來世得作佛故.

是故, 當知第二無相法輪所攝
既屬第二 是不了義

此義卽以二文爲證.
一者, 卽彼解深密經云.
一向趣寂聲聞種性 補特伽羅
雖蒙諸佛 施說種種
勇孟加行 方便化道
終不能令當坐道場 證得無上正等菩提
何以故 由彼本來 唯有下劣種性故.
一向慈悲薄弱故. 一向怖畏衆故. 乃至廣說.

二者. 對法輪云
衆生意樂 樂樂者
如爲不定種性者 捨離下劣意樂故
記大聲聞 當得作佛
又說一乘 更無第二.

案云, 彼經. 既是究竟意眞實了義說
說言聲聞 永不成佛
是知法華 說諸聲聞 當得作佛

이 법화경은 두 번째 범주에 속하니
게송에서 말한 것과 같다.
"모든 법이 본래부터 항상 스스로 적멸한 모양을 따르니
불자가 이를 행하면 오는 세상에 부처를 이루리라."고 하셨기 때문이다.[4]

그러므로 두 번째 무상 법륜에 속함을 알 수 있으니
두 번째 가르침에 속하므로 곧 불요의경이라 할 수 있다.

이 뜻은 두 가지 인용문을 통해 증명될 수 있다.
첫째는 [해심밀경]에서 말한 대로이니
"오직 적멸만 목표로 삼는 성문 종자들의 보특가라[5]는
모든 부처님들의 가지가지 설법과
용맹한 행과 방편의 교화를 받더라도
끝내 도량에 앉아 위없는 바른 깨달음을 증득하지 못한다.
왜냐하면 저가 본래부터 하열한 종자인 까닭이다.
자비심이 박약하고 중생들을 두려워하는 까닭이다."고 광설하였다.

두 번째는 [대법륜]에서 이른 대로이니,
"중생들이 좋아하는 뜻이 쾌락을 즐기는 것이기 때문에
그런 일정함 없는 종자들이 하열한 즐거움을 버리게 하려고
큰 성문들이 마땅히 부처를 이루리라 법화경에 기록한 것이다.
또 다른 말에선 일승이 있을 뿐 이승이 없다 하였다."고 하였다.

그러므로 생각하건대, 저 (해심밀)경은 이미 궁극의 진실한 요의경으로써
성문은 영원히 성불하지 못한다고 하는데,
이 법화경은 모든 성문들도 마땅히 부처를 이루리라 하니,

---

4   [간추린 법화경] 52p 참조.
5   산스크리트어 pudgala의 음사. 태어나 죽어가는 윤회의 주체로, 윤회의 주체인 영혼이라 할 수 있다.

是方便語 不了義說.

是故, 阿毘達磨□(論?)云.
是隨眾生意樂而說
非是直說眞實道理
修多羅者 以文爲勝
阿毘達磨 以理爲勝
由有如是二種明證
當知法華一乘之敎
定非究竟了義說也.

或有說者
法華經 是究竟了義

所以然者
如來一代所說敎門
略攝不出三種法輪
何者爲三.
一者. 根本法輪.
二者. 枝末法輪.
三者. 攝末歸本法輪.

根本法輪者.
謂佛初成道 華嚴之會.

이는 방편의 말이므로 불요의설이라 할 수 있다.[6]

그러므로 [아비달마론]에서 이르기를
"(이 법화경은) 중생이 즐거워하는 뜻을 따라서 설하셨기에
진실한 도리를 바로 말한 것은 아니다.[7]
그러나 수트라(경전)는 그 글이 수승하고
아비달마는 그 이치가 수승하니,
이와 같은 두 가지가 명징하게 밝혀지므로
법화경 일승의 가르침은
궁극의 요의설이 아니라는 걸 알 수 있다."고 하였다.

그러나 다른 이의 주장에 따르면
법화경은 곧 궁극의 요의경이다.

왜 그런가 하면,
여래께서 한평생 설하신 가르침이
크게 세 종류의 법륜에서 벗어나지 않는데
이 세 가지가 무엇인가 하면
첫째는 근본 법륜(根本法輪; 근본 뿌리의 법륜)이며,
둘째는 지말 법륜(枝末法輪; 가지로 뻗어나간 지엽적인 법륜)이며,
셋째는 섭말귀본 법륜(攝末歸本法輪; 가지를 거두고 근본으로 돌아온 법륜)
이다.

근본 법륜이란
부처님께서 처음 깨달음을 이루셨을 때 설하신 화엄의 가르침을 이른다.

---

6 [상불경보살품]에서 증상만들에게도 수기를 주셨기에 성문조차 언젠가 성불할 것이라는 것이 법화경의 가르침이라고 말하고 있다. 그러나 그렇게 소승에게 수기가 주어졌다 해도 소승이 언젠가 나중에 대승으로 바뀐 후에야 성불하는 것이니, 법화경이라고 성문의 성불을 무조건 보장하는 것은 아니다. [상불경보살품]의 증상만들도 지옥에 떨어졌다가 이후에 대승으로 올라온 후에야 성불한다.

7 [방편품]에 보면 불상에 절하거나 불상이나 탱화를 조성한 공덕으로 성불할 수 있다고 되어 있다. 이것이 수많은 생애 뒤에 성불하게 만드는 공덕일 수는 있지만, 이것만으로 한 생애 만에 성불할 수 있는 것은 아닐 것이다. 이러한 글들과 성문승도 성불하리라는 말들 때문에 중생의 즐거운 뜻을 따라 설하였다고 여기서 말하고 있다.

□(乃?)爲菩薩 廣開一因一果門
謂根本之敎也.

但薄福鈍根之流
深不堪聞一因一果故
於一佛乘 分別說三
謂枝末之敎也.

四十餘秊 說三乘之敎
陶練其心
今至法華之會 始得會三歸一
卽攝末歸本敎也.

如信解品.
明長者 居師子坐
眷屬圍繞 羅列寶物
卽指華嚴根本敎也.

喚子不得故 密遣二人
脫珍御服 着弊垢衣
謂隱一說三
枝末敎也.

如富長者 知悉下劣
□(漸?)伏其心. 乃敎大智
謂攝末歸本敎也.

보살들을 위하여 일승의 씨앗과 일승의 열매 문을 널리 여셨으니
이를 근본 가르침이라 말한다.

그러나 근기가 둔하고 박복한 중생들이
깊은 일승의 씨앗과 일승의 열매를 감당할 수가 없었기 때문에
일불승을 나누어 삼승으로 분별하여 설하셨으니
이를 가지로 뻗어나간 지엽적 가르침이라 이른다.

40여 년 동안 삼승의 가르침을 설하시어
그 (제자들의) 마음을 단련시키신 후에야
지금 이 법화 회상에 이르러 비로소 삼승을 다시 일승으로 돌이키시니
이를 곧 가지를 거두고 근본으로 다시 돌아온 가르침이라 하는 것이다.

[신해품]의 비유와 같으니
"장자가 사자좌에 앉았는데
권속들에 둘러싸여 보물들을 나열하고 있었다." 하니[8]
이는 곧 화엄의 근본 가르침을 가리킨다.

그러나 아들을 크게 불러도 만날 수가 없어[9] 몰래 두 사람을 보내고
또 보배로 장식된 옷을 벗고 낡고 해진 옷으로 바꿔 입고 (아들을 만났으니)
은밀히 일승을 삼승으로 바꿔 설한 것과 같다.
(가지로 뻗어나간) 가르침을 이른다.

그렇게 거부 장자가 (아들의 마음이) 하열한 걸 알고
점차 그 마음을 단련한 후에야 큰 지혜를 가르쳤으니
이것이 가지를 거두고 근본으로 돌아온 가르침이다.

---

8   [간추린 법화경] 104p 참조.
9   [간추린 법화경] 92p, "돌아온 가난한 아들의 비유 (궁자窮子의 비유)" 참조. [신해품] 궁자의 비유에서 거부 장자가 아들을 불러도, 아들은 자신이 누구의 아들인지 잊어버린 까닭에 그 부름을 거부하고 오히려 도망치려 하다가 기절하고 만다.

是口(等?)諸門. 處處有文
當知此中 初後二教
同是究竟了義之敎.

第二教者
於一說三 皆是方便不了義說
爲成此義 明證有二.
一者, 修多羅.
二者. 阿毘達磨

修多羅者. 略引三文.

一者. 如安樂行品云
此法華經 能令衆生 至一切智
一切世間 多怨難信
先所未說 而今說之
是諸如來. 第一之說
於諸說中 最爲甚深
末後賜與 如彼強力之王
久護明珠 今乃與之.

二者. 化城喩品云.
是諸佛方便 分別說三乘
唯有一佛乘 息處故說二.

三者. 勝鬘經云
阿羅漢辟支佛 四智究竟 得蘇息處

이러한 종류의 비유가 경전 곳곳에 나타나니
저 (세 가지) 중에서 처음과 끝의 두 가르침이
똑같이 궁극의 요의의 가르침이라는 걸 마땅히 알 수 있다.

(세 가지 중에서) 두 번째의 가르침이
일승을 삼승으로 나눠 설한 것으로 다 방편이고 불요의 가르침이니
이것이 성립함을 둘을 통해 증명할 수 있다.
하나는 경전이고
둘은 아비달마이다.

경전의 경우는 대략 세 가지 글을 인용할 수 있다.

첫째는 [안락행품]의 글로써,
"이 법화경은 능히 중생으로 하여금 일체지에 이르게 하지만
일체 세간이 믿기 어려워 원망이 많으므로
일찍이 설하지 않다가 이제야 설하는 것이니라.
모든 부처님들의 제일가는 설법이니
모든 설법들 가운데에서 가장 깊고 심오하여
맨 나중에 주는 것이니라. 마치 저 강한 왕이
오랫동안 보물 구슬을 갖고 있다가 이제야 주는 것과 같으니라."[10]

두 번째는 [화성유품]의 글로
"모든 부처님들께서는 방편으로 삼승을 나누어 설하시나
오로지 일불승만 있을 뿐이고, 이승은 다만 휴식처일 따름이니라."[11]

세 번째는 [승만경]의 글이니
"아라한이나 벽지불이 네 가지 지혜[12]를 궁극에 얻어 안식처를 얻는다."

---

10 [간추린 법화경] 266p, "3. 법화경은 여래가 감히 주지 않는 최후의, 최고의 법이다." 참조.
11 [간추린 법화경] 158p 참조.
12 부처의 네 가지 지혜, 곧 대원경지(大圓鏡智), 평등성지(平等性智), 묘관찰지(妙觀察智), 성소작지(成所作智).

亦是如來 是方便. 有餘不了義說

如是等文 不可具陳.

阿毘達磨者 略引三處文

法華論云,
決定增上慢 二種聲聞
根本熟故 佛不與授記
菩薩與授記 菩薩與記者.
方便令發心故.

二者, 智度論說.
問, 阿羅漢 先世因緣之所受身
必應當滅 住在何處而具足佛道.
答, 得阿羅漢時 三界諸漏因緣盡故
更不復生三界 有淨佛土 出於三界
乃至無有煩惱之名 於是國土佛所
聞法華經 具足佛道.

三者, 寶性論云,
問, 說闡提無涅槃性
常不入涅槃者 此義云何
爲欲示顯謗大乘因故.
此明何義 爲欲迴轉誹謗大乘心
不求大乘心 依無量時 故作是說
以彼實有清淨性故

하였으니 이 역시 여래의 방편에 불요의설이 남아 있다는 뜻이다.[13]

이처럼 방편의 가르침을 펴셨다는 글들이 헤아릴 수 없이 많다.

아비달마의 경우도 대략 세 곳의 글을 인용할 수 있으니

[법화론]에서 이르길
"중상만이나 두 종류의 성문은
근기가 미숙한 고로 부처님께서 수기를 주시지 않았다.
보살에게만 수기를 주셨으니 보살에게 수기를 주심은
방편의 가르침에서 나와 발심케 하시려는 까닭이었다." 하였고

둘째는 [지도론]의 말이니
"묻기를, 아라한은 선세의 인연으로 받은 몸이
필시 멸하는데 어디에 머물러서 불도를 구족하는가? 하니
대답하기를, 아라한이 될 때에 삼계 모든 번뇌의 인연이 다하기 때문에
다시 삼계에 나지 않는다. 대신 삼계를 벗어난 깨끗한 불국토,
번뇌가 전혀 없는 국토, 부처님의 처소에 나게 되니
거기에서 법화경을 듣고 불도를 구족하게 된다." 하였다.

셋째는 [보성론]의 말인데
"묻기를, 일천제[14]는 열반의 성품이 없어
영원히 열반에 들지 못한다 하였는데 이는 무슨 뜻인가? 하니
(답하길) 이는 대승을 비방한 인과를 드러내 보이기 위함이니
그 뜻을 밝혀보면, 대승을 비방하는 마음이 돌고 돌아
대승을 못 구한 채 한량없는 시간을 보내게 되므로 그렇게 설하신 것이다.
그러나 저도 실제로는 청정한 성품이 있다." 하였다.

---

13 아라한이나 벽지불이 되었는데도 네 가지 지혜를 추후에 더 얻게 된다 함은 아라한이나 벽지불이 되었다 해도, 성불의 완벽한 경지는 아니라는 뜻이다. 그러니 아라한이나 벽지불은 방편의 말씀, 불요의의 설법을 들어왔다 할 수 있다.
14 선근이 끊기고 신심이 없어서 성불할 가능성이 없는 중생들을 이르는 말.

依是等文 當知諸教 設有二乘
定不成佛 及說無性有情等言
皆是方便不了義說
若說一乘 更無第二
一切衆生 皆當作佛
如是經典 是眞了義.

問, 若立初師義者
後師所引文 云何和會

彼師通曰,
諸一乘敎 所說諸文
皆爲護彼 不定性者
皆是方便 故不相違

法華論文 及寶性論
亦爲述後 方便敎意
智度論文 說阿羅漢 生淨土者
是約不定種性聲聞
由是道理 亦不相違.

問, 若立後師義者
前師所引證 云何得通

이런 글들을 통해 저 모든 가르침에 이승 설하신 것이 있음을 알 수 있다.
결정코 성불치 못한다거나 무성유정에 대해 설하신 말씀들이
다 방편이고 불요의설이다.
일승을 설하실 때 또 다른 이승이 없다 하셨으니
일체 모든 중생이 전부 응당 부처를 이루리라 하신
이 법화경이야말로 바로 진실한 요의경이다.[15]

질문하기를, "만일 (법화경이 불요의라는) 앞의 스승의 뜻이 옳다 한다면
(법화경이 요의라는) 뒤의 스승이 인용한 글들과 어찌 화합할 수 있는가?"

"앞의 스승이 말한 것도 뒤의 글과 통한다.[16]
(앞의 스승이) 말하길 "모든 일승교에서 설한 모든 글들이
전부다 저 성품이 일정치 못한 이들을 보호하기 위한
방편"이라고 하였으니 (두 가르침이) 서로 어긋나지 않는다.

[법화론]과 [보성론]에서 인용한
뒤의 글에서도 또한 방편의 의미를 서술하였고
[지도론]의 글에서도 아라한이 정토에 난다 하였으니
성품이 일정치 못한 성문까지 포함해 말한 것이다.[17]
이와 같은 도리로 말미암아 역시 서로 어긋나지 않는다."

질문하기를, "만일 (법화경이 요의라는) 뒤의 스승의 뜻이 옳다고 하면
앞의 스승이 인용한 증거와 어찌 통할 수 있는가?"

---

15   앞에서 법화경이 불요의경이라는 의견을 소개할 때는 성문은 성불치 못한다는 [해심밀경]의 설이 요의설이라 하였으나, 여기서는 반대로 성문이 성불치 못한다는 설을 방편이자 불요의설로 규정하면서 [법화경]을 요의경으로 규정하고 있다.
16   앞의 주장에서 [대법륜]을 인용하며 부정종성자(그 성품이 일정치 않은 종자)들을 위해 성문에게도 수기를 주셨다고 말하고 있다. 이를 가리킨다 할 수 있다.
17   앞의 주장에 따르면 아란 같은 성문들은 성불하지 못한다 했는데, 뒤의 주장에서도 아라한이 바로 성불하지는 못하고 정토에 났다가 거기서 법화경을 듣고 성불한다고 이르고 있다. 두 가르침이 사실 크게 다르지 않은 것이다.

彼師通云
深密經說
終不能令當坐道場
證得無上正等菩提者.
是明決定 當入無餘
永不能令不入無餘
直證無上正等菩提.
是故說爲 一向趣寂

然彼聲聞 入無餘時
住八萬劫 或住六萬四萬二萬
然後起心 卽入大(乘)
生於淨土 具足佛道

若論不定種性人者.
唯住有餘 依地入大
如瑜伽論 分明說故
是故彼經 亦不相違

對法論文
說一乘教 爲方便者
是述三乘權教之意
而非究竟道理之說
如彼執三乘者說云.
十五有漏 □(是?)無記者.
是約麁相境界而說

뒤의 스승이 말한 것도 앞의 글과 통한다.
뒤의 스승이 말하길 "[해심밀경]에서 언급한
"마침내 도량에 앉아서
위없는 바른 깨달음을 얻지 못한다."는 말은
무여 열반(남김 없는 열반[18])에 결정코 고정된 경우를 말한 것으로,
이런 경우 무여 열반에 들지 않고
바로 위없는 바른 깨달음을 얻기가 영원히 불가하다[19]는 뜻이다.
그러므로 "오직 적멸만 취한다." 말한 것이다.

그런 성문이 무여 열반에 들면
팔만 겁이나 혹 육만, 사만, 이만 겁을 머무는데
그 후에 마음을 일으켜 대승에 들어가면
정토에 나서 불도를 구족하게 된다.

성품이 일정치 못한 이들에 관해 논하자면
오직 유여 열반(남음 있는 열반)에 머무르다 그에 의지해 대승에 들어가니
유가론에서 분명히 설한 바와 같다."(고 하였다.)
이런 경의 말로 인하여 저 둘은 역시 서로 어긋나지 않는다.

[대법륜]에서 이르길
"이 법화경 일승의 가르침에서도 방편을 행하였으니
이는 삼승을 권한 뜻을 서술한 것으로
궁극의 도리를 말한 것은 아니다.
마치 저 삼승의 설에 집착하는 이가
"15가지 번뇌가 다 불필요한 질문[20]이다" 한 것과 같으니
이는 거친 상의 경계까지 포함해 말하는 것으로

---

18 번뇌망상을 끊고 분별시비의 지혜를 떠나 육신까지 없어서 정적(靜寂)에 들어간 열반.
19 화엄경에 보면 "보살은 삼매에 맛들이지 아니한다."는 말이 있다. 곧 정적에 들어간 상태로 영원히 있으면서 중생을 버리는 것도 옳지 못하다는 뜻이다. 부처님께서는 6년간의 고행 끝에 위없는 가장 바른 깨달음을 이루셨으니, 육신이 있는 상태, 번뇌와 고뇌를 거친 상태에서 깨달음을 얻으셨다 할 수 있다.
20 무기無記를 자연스럽게 번역하였다. 無記란 단어는 질문 자체가 성립하지 않아서 석가모니불께서 대답 자체를 하지 않으셨던 질문을 뜻한다.

非是究竟眞實道理

是故當知 彼對法論
或有述於方便教文
由是道理 不相違也.

問,
二師所通 一據相違
何者爲實 何者爲勝

答,
皆是經論 有何不實
所以然者
爲護一向趣寂者意.
則如初師所通爲實
爲護不定種性人意
則如後師所說爲實.
皆當物機 各得和通故

若就道理 判其勝負者.
彼師義狹而且短
彼說佛□(道?)不遍一切故.
又說二□(乘?)意斷滅故
第二師義 寬而復長
返前短狹 其義可知
斯則以短狹義 會寬長文
文傷□□□(義則難?)會.

궁극의 진실한 도리는 아니다."²¹라고 하였다.

이리하여 저 [대법륜]에서도
방편의 가르침에 관한 글이 있음을 알 수 있으니
이런 도리로 말미암아 둘이 서로 어긋나지 않는다.

질문하기를,
"두 스승의 말이 다 통한다 해도 한 쪽에 근거해보면 서로가 멀다.
그럼 어느 쪽이 참이며 어느 쪽이 뛰어나다 할 것인가?"

답하기를,
"모두 경과 논이니 어찌 진실치 않음이 있겠는가.
왜 그런가하면
오직 적멸만 취하려는 이를 도우려는 뜻에서는
앞의 스승이 통한 바가 진실하다 할 수 있고
성품이 일정치 않은 이를 도우려는 뜻에서는
뒤의 스승이 설한 바가 진실하다 할 수 있으니
전부 담을 수 있는 바가 응당 있어 서로 화합해 통하는 까닭이다.

(그래도) 그 도리를 취하여 누가 더 뛰어난지 판단하자면
앞의 스승의 뜻이 좁고 또 짧으니
부처님의 도가 일체에 고루 미치지 않는다 말하기 때문이다.
또 이승의 뜻이 끊어져 멸한다 말하기 때문이다.
반면 두 번째 스승의 뜻은 너그럽고 또 깊어서
짧고 협소한 이전 가르침에서 돌이켜 그 뜻을 알 수 있다.
그리하여 곧 짧고 협소한 뜻도 너그럽고 깊은 글로 회통한다.
곧 이해키 어려운 뜻의 글도 회복되어 회통하는 것이다.²²

---

21 15유루에 대한 인용문에서 글자 하나가 빠져 있으므로 해석이 미진할 수 있다. 다만 여기서 삼승에 집착하는 이가 적멸함에만 집착하는 오류 아래 15유루를 무기로 취급하였다고 가정하고 번역하였다.
22 세 글자나 비어 있으므로 해석에 미진한 것이 있다.

用寬長義 容短狹文
文狹則無傷義 則易會
由是道理 後說爲勝

是故當知 此法華經
乃是究竟了義之教也.

今依是義 以通諸文
諸文相違 皆得善通.
所以然者 以諸了義 究竟教內
不無方便不了之言

如解深密經中說言
一切聲聞緣覺菩薩
同皆共一此妙清淨道
皆同是一究竟清淨如.
□(如?)是道理 爲彼經宗
所以彼經 是眞了義

而彼經說 寂趣聲聞
終不能得 坐於道場
如是等文 是方便說
爲護決定 二乘意故
作是方便不了義說

由是道理 夫人性等說
彼以爲不了義說

후자가 너그럽고 깊은 뜻을 사용해 짧고 협소한 글을 용납하니
협소한 글도 곧 그 뜻이 상하지 않고 바로 회통한다.
이러한 도리로 말미암기에 후자의 설[23]이 더 뛰어나다."

이러한 연유로 이 법화경이
궁극의 요의의 가르침이라는 걸 마땅히 알 수 있다.

이제 이 뜻에 기대어 모든 글들을 회통하면
어긋나던 모든 글들이 전부 잘 통하게 된다.
왜냐하면 이 모든 요의, 궁극의 가르침 안에
방편의 말, 불요의의 말이 없는 것이 아니기 때문이다.

[해심밀경]의 구절 중에
"일체 성문과 연각과 보살들이
모두 이 하나의 미묘하고 청정한 도를 공유하니,
모두 이 하나의 구경도, 청정한 진여와 같으니라."고 하였으니
이러한 도리가 경전의 근본 가르침이다.
그런즉 저 (해심밀경) 경전은 진실한 요의경이다.

그런데 저 (해심밀경) 경전에서 다시 "적멸만 취하는 성문은
끝내 도량에 앉아 (깨달음을) 얻을 수 없다."고 설하였으니
이와 같은 글들은 방편설이다.
이승에 고정되어 버린 이들을 돕기 위한 뜻에서
설한 방편이자 불요의의 말이다.

이러한 도리로 보아 미진한 종성의 무리에 대해 말씀하신 것[24]들은
이와 비슷한 불요의의 가르침이다.

---

23 법화경이 진실한 요의경이라는 두 번째 스승의 설.
24 '취적성문趣寂聲聞과 같이 종자가 하열한 무리들은 적멸만 목표로 하다가 끝내 깨달음을 얻지 못한다.'고 [해심밀경]에서 말씀하신 것을 가리킨다. 틀린 말은 아니지만 원효는 이들도 언젠가 다시 대승으로 돌아와 성불할 수 있다는 법화경의 말씀을 더 크고 옳은 요의의 말로 보기에 이 해심밀경의 말씀을 불요의 설로 보는 것이다.

如是二文不相違也.

又且法華經中說言
爲□□(二乘)故. 化作寶城
更止息已 終引佛果
依是道理 以說一乘
是爲經究竟了義

此經. 亦有不了義語.
□(又)?直說言
唯有□□(一乘) 無二無三
是文爲□□(護決?) 定□□(聲聞?)說
無趣寂二乘之行
而實不無趣寂二乘之行
是故說無 是方便語

由是道理 對法論說
爲方便者 亦有道理也.

弘安六年八月七日 相承云

法華經宗要 終

그래서 이 두 인용문은 서로 어긋나지 않는다.

또한 이 법화경에서 설한 말 중에도
"(일승에 도달하기 어려운) 이승을 위하여 마술로 보물 성을 만들어
휴식하게 하였다가 마침내 부처의 깨달음으로 이끌었다." 하였다.[25]
이 도리에 의거해 일승을 설하였으니
이 경전은 궁극의 요의경이다.

그러나 이 법화경에도 또한 불요의의 말씀이 있다.
다시 곧 설하기를
"오직 일승만 있으니, 이승도 없고 삼승도 없느니라." 하였으니[26]
이 글은 적멸만 취하는 성문을 돕기 위한 말로써[27]
적멸을 취하는 이승의 수행이 없다고 말하고 있으나
실제로는 적멸을 취하는 이승의 수행이 없는 것 아니다.[28]
그러므로 이승도 삼승도 없다 설하신 이 말은 곧 방편의 말씀이다.

이러한 도리로 말미암아 [대법륜]에서
(법화경의 성문 수기가) 방편이라 한 것도 또한 도리가 있다.

홍안 6년 8월 7일, 법을 이어받아 적다.

법화경종요 마침

---

[25] [간추린 법화경] 148p, "마술성의 비유 (화성化城의 비유)" 참조.
[26] [간추린 법화경] 42p, "2. 오직 일승 외에 다른 가르침은 없다." 참조.
[27] 빈칸이 많지만 문맥에 따라 번역하였다. 여래께서는 법화경에서 적멸에만 머물러 있으면 끝내 성불할 수 없으므로 거기서 나오라고 일승만을 강조하시는 것이다.
[28] 엄밀히 말하자면 이승의 수행이 있지만 그 수행으로는 환상으로 만든 보물 성까지만 도달할 수 있다고 해야 한다. 보물 성에서 나와서 최후의 성불에 이르려면 일승으로만 가능하다는 것이 법화경의 핵심 메시지이다.

특별 부록

1. 원효의 법화 사상

원효 대사가 살던 7세기는 동아시아 세계가 새로 재편되던 역사의 대격변기였다. 고구려 백제 신라 삼국이 치열하게 각축전을 벌이던 삼국 시대가 대륙의 당나라에 의해 그 질서가 정리되면서 신라로 통일되던 시기였고, 동시에 백제가 사라지면서 일본이 독자적인 나라로 재탄생한 시기였다. 하지만 혼란스럽던 이 시기는 불교사로 보면 동아시아 불교의 교학이 집성되어 흥왕한 황금기였다. 원효 대사는 그 시절 동아시아로 건너온 대승 불교의 교학들을 거의 총망라하여 정리한 빛나는 선지식이었다.

하지만 우리 한국인들은, 특히나 우리 한국의 불교도들은 원효에 대해 잘 알지 못한다. 원효의 사상에 대해 많은 재발견이 이뤄지기는 하였으나 근본적으로 말법 시대에 처한 현시대의 불교도들은 그의 사상에 대해 알기 어렵다. 세계관 자체가 다르기 때문이다. 지금 한국 불교는 선종 위주의 조계종에다 유물론적 세계관, 실증사학의 대승비불설이 근저에 깊게 자리잡고 있다. 불립문자에 집착하기에 교학에 빈약하고, 지계도 느슨하다. 게다가 현대의 유물론적 세계관의 영향으로 대승 불교의 신화적 성격을 배격하는 경향이 강하게 퍼져 있다. 법화경이나 화엄경 같은 대승 경전을 신화 또는 환타지로 취급한다. 대승 불전 자체를 부처님 재세 시에 없었던 경전으로 취급하고, 그 때문에 진짜 부처님의 기록을 찾는다며 남방 불교권으로 유학을 가기도 한다. 대승비불설, 이른바 대승 불전은 부처님이 설하신 경전이 아니란 견해가 은연 중에 퍼져 있는 것이다.

하지만 원효는 그렇게 생각하지 않았다.

원효는 당시 교학을 종횡으로 섭렵한 분명한 교종 승려였고, 법화경이나 열반경, 화엄경을 전부 부처님의 친설로 간주한 대승 신행자였다. 신화가 살아있던 시기였고 부처님의 위신력을 의심치 않았으니 대승 불전의 내용들도 다 진실이라 믿었을 것이다. 화엄경이 용궁에 보관되어 있다고 믿는 교단은 현재에는 한국에 영산불교 현지사 하나 뿐이지만, 그 시절 원효가 소를 달았던 금강삼매경 자체도 용궁에서 가져온 경전이었으니 원효나 신라인들 역시 용궁의 존재를 믿었을 것이다. 지금 현대인들의 인식과는 완전히 다르다 해야 한다.

더구나 당대 불교계에서는 당나라 현장 법사가 인도에서 들여온 신유식학이 기준으로 떠오르고 있었다. 원효 역시 유식학에 기반하여 [대승기신론소]를 썼으며, 아뢰야식을 중요하게 간주했다. 윤회의 주체인 아뢰야식을 믿었으니 현대식으로 말하자만 영혼과 윤회, 사후세계도 기본적으로 믿었다 할 수 있는 것이다. 유물론에 입각해 윤회마저 없다고 하는 현재의 일부 불교인들과는 절대로 그 결이 같지 않다.

따라서 원효가 이해했던 대승불교는 근본적으로 현대인의 것과 다르다. 현재의 조계종, 선종에서 말하는 견성성불 자체가 대승 사상과는 사실 잘 맞지 않는다. 달마는 내면의 본성을 보는 것이 성불이라 주장했지만, 이는 12연기의 근본 무명을 관하는 경지에 그치는 경우가 많다. 번뇌를 끊어도 다시 번뇌를 내는 경우가 많은데 이는 사실 아라한 이하다. 화엄경의 10지 보살의 경지는 견성으로 한번에 오를 수 없으며, 아라한은 그 보살에도 미치지 못한다. 본래의 대승 불전에서도 아라한은 분명 부처님의 지위에 미치지 못한다.

無異想者.如阿羅漢.於有餘依生死界中.一向發起猒背之心.於無餘依涅槃界中.一向發起寂靜之想.如來於彼無差別想.安住第一平等捨故.
"다른 생각이 없으며"라고 한 것은, 아라한은 유여의有餘依의 생사계에 대해서는 한결같이 싫어하는 마음을 내고 무여의無餘依의 열반계에 대해서는 한결같이 적정寂靜한 생각을 내지만, 여래는 저런 차별된 생각이 없고 제일 평등함에 안주하기 때문이다.

- [본업경소本業經疏], [인과품因果品] 중에서

사실 법화경에서 석존께서는 사리불과 같이 지혜로운 자들이 세간에 가득 들어차서 무량겁을 사유한다 해도, 무상정등각을 이룰 수 없다고 말씀하셨다. 공성을 깊이 이해한 사리불도 자력으론 성불할 수 없다면, 견성이 어찌 성불이겠는가? 그렇게 호흡수행의 무용성을 분명히 하신 후에 석존께선 일대사인연을 밝히셨으니, 여래는 중생들을 구제하기 위하여 일부러 이 세간에 나타나셨음을 말씀하신 것이다. 이는 자력이 아닌 타력성불을 말씀하신 것이며, 염불수행의 이유를 알려주신 것이다. 원효는 법화경의 이 일대사 인연을 일찍이 잘 알았다.

佛猶大長者.以衆生爲子.入三界火宅.救諸焚燒苦.故言救世.救世之德.正是大悲.
부처는 대장자大長者와 같아서 중생을 자식으로 여기는지라. 삼계三界의 화택火宅에 들어가 모든 불타는 고통을 구원하기 때문에 '구세救世'라 말하였으니, 이 구세의 덕이 바로 대비인 것이다.

- [대승기신론소기회본大乘起信論疏記會本卷一] 중에서

원효가 말하는 법화경은 단순명료하고 뚜렷하다. 곧 본디 정토에 계시는 석가모니 불세존께서는 우리 죄업 중생들을 구하시기 위해 이 예토에 들어오셨다는 것이다. 원효가 전 신라를 돌아다니면서 나무 아미타불과 나무 관세음보살을 알린 것은, 분명히 염불을 통해 우리 죄업 중생들이 저 극락 정토에 날 수 있다는 사실을 믿었기 때문이었다.

至如牟尼善逝現此穢土.誠五濁而勸往.彌陀如來御彼淨國.引三輩而導生.
석가모니 선서善逝께 이르러서는 이 예토에 나투셔서 오탁을 경계하시고 (저 나라로) 왕생하기를 권하셨으며, 아미타여래께서는 그 정토淨國를 주재主宰하시면서 세 무리(三輩;미타정토에 왕생하는 세 종류의 불자)를 이끌어 (극락정토에) 태어나도록 인도하시는 데 이르렀다.

- [불설아미타경소佛說阿彌陀經疏] 중에서

원효의 설명대로 보자면 석가여래께서 사바세계에 나신 대사건은 2600년 전이 처음이 아니다. 그 열반도 처음이 아니다. [법화경] [여래수량품]의 말씀대로 여래께선 이미 백천만겁 나유타 겁 이전에 이미 불과를 이루신 부처님이셨다. 다만 중생들을 구하기 위하여 이 현상계에 들어오신 것이다. 이는 열반경에 나와 있는 그대로이다.

善男子! 若有經律作如是言 : 如來正覺久已成佛, 今方示現成佛道者, 爲欲度脫諸衆生故, 示有父母, 依因愛欲和合而生, 隨順世間作是示現. 如是經律, 當知眞是如來所說.
선남자야, 만일 경과 율에 말하기를 '여래는 벌써부터 불도를 이루었지만 지금 성불하는 일을 보이는 것은 중생들을 제도하기 위하여 일부러 부모의 애욕으로 인하여 태어난 것이다. 세상을 따르기 위하여 이렇게 나타난 것이다'라고 하였다면, 이런 경과 율은 참으로 여래의 말인 줄을 알아야 한다.

- [대반열반경大般涅槃經], [여래성품如來性品] 중에서

[열반종요]에서 원효는 여래께서 열반하시기 직전 [열반경]을 설하신 이유 역시 일대사인연이라고 말한다. 이는 사실 천태지의가 제시한 오시교판에서 크게 벗어나지 않는데, 여래께서는 화엄경에서 보이신 가장 높고 바른 깨달음의 경지를 중생들에게 보이시어, 그 경지까지 이끌기 위하여 온평생을 바치셔서 우리 죄업 중생들이 불지견을 깨닫는 경지까지 가도록 이끌어주신 것이다. 법화경의 궁자의 비유에서처럼, 장자는 거지 아들이 자신이 누구인지 깨닫도록 일부러 빈자가 되어 똥거름 치우는 일을 가르치다가, 최후에 이르러서야 아들에게 너 자신이 누구인지 알려주는 것이니, 이것이 열반경을 설하신 이유가 된다.

如來宜以大因緣.而說是經.所謂欲顯諸佛出世之大意故.如法花經言.

諸佛如來.唯以一大事因緣故.出現於世.乃至廣說.
又此經菩薩品云.
若有人能供養恭敬無量諸佛.方乃得聞大涅槃經.所以者何.大德之人.乃能得聞如是大事.何等爲大.所謂諸佛甚深祕藏如來之性.以是義故.名爲大事.
解云.今說是經之時.正臨一化之終日.究竟顯示諸佛大意.所謂總括成道以來.隨機所說.一切言敎.悉爲示一味之道.普令歸趣無二之性。

총체적인 까닭으로 이것을 논술하면, 여래는 마땅히 커다란 까닭이 있으므로 이 경을 말씀하셨다. 말하자면 모든 부처님은 세상에 출현한 큰 뜻을 나타내려고 하셨기 때문이다.『묘법연화경妙法蓮華經』에서 말씀하시는 것과 같다.

"부처님 세존들께서는 다만 일대사인연(一大事因緣)으로 이 세상에 출현하시기 때문이니라."

또 이『대반열반경』「보살품」제16에서 말씀하신다.

어떤 사람이 헤아릴 수 없이 많은 부처님을 공경하며 공양하면 틀림없이 곧『대반열반경』을 듣게 될 것이다. 그 까닭은 무엇인가? 큰 공덕을 쌓은 사람이라야 이와 같이 큰 것을 들을 수 있기 때문이다. 무엇을 크다고 하는가? 모든 부처님의 아주 깊이 비장한 여래의 성품을 말씀하신 것이므로, 이런 뜻으로 큰일이라 한다.

해석 : 이제 이 경을 말씀하실 때는, 부처님이 바로 일생의 교화를 마치는 마지막 날이었으며, 마침내 모든 부처님의 큰 뜻을 나타내 보이려는 참이었다. 말하자면 부처님이 성도한 다음부터 중생의 근기根機를 따라 말씀하신 모든 언교言敎를 총괄하여, 모두 한맛이면서 평등한 도라는 것을 보여줌으로써, 널리 중생들로 하여금 둘이 아닌 성품으로 돌아가게 하려는 것이다.

- [열반종요涅槃宗要] 중에서

이는 곧 [법화경]의 의사와 아들의 비유와 같다. [열반경], 그리고 [법화경]의 말씀대로라면 여래께선 열반하셨어도 열반하신 것이 아니다. 다만 우리에게 갈앙심을 내게 하기 위하여 방편으로 열반을 보이신 것 뿐이다. 이 오탁악세에 우리가 부처님의 정법을 혹여라도 잊어버린다면, 여래께선 언젠가 우리 죄업 중생들을 구하기 위하여 이 예토에 다시 들어오실 것이다. 하지만 어찌 그 때까지 육도를 계속 윤회하겠는가!

갈앙심을 내어 나무아미타불, 나무관세음보살을 불러야 마땅할 것이다. 그것이 바로 원효가 말하는 진정한 법화 사상이다. 더하여 무량겁 이전에 이미 성불하신 석존이심을 기억한다면 결론은 간명해진다. 나무석가모니불, 나무시아본사 구원실성 석가모니불!

2. 원효의 일생

唐 新羅國 黃龍寺 沙門 元曉傳
당 신라국 황룡사 사문 원효전

釋元曉, 姓薛氏, 東海湘州人也.
원효 대사의 성은 설씨이고, 동해 상주 사람이다.

丱髮[影/采]之年, 惠然入法, 隨師稟業, 遊處無恒.
勇擊義圍, 雄橫文陣, 仡仡然, 桓桓然, 進無前却.
蓋三學之淹通, 彼土謂之萬人之敵, 精義入神, 爲若此也.
총각의 나이[丱髮之年관채지년]에 혼쾌히 불법(佛法)에 입문하여 스승을 따라 학업을 받았는데, 다니는 곳이 일정함이 없었으며, 의해(義解)의 세계를 용맹히 격파하고 문장의 진영을 씩씩하게 횡행하여 군세고 흔들림 없이 정진하여 물러남이 없었다. 삼학(三學: 戒定慧)에 널리 통하여 저곳[신라]에서 그를 일컬어 '만인을 대적할 만하다'고 하였으니, 정밀한 의해가 신의 경지에 들어감이 이와 같았다.

嘗與湘法師入唐, 慕奘三藏慈恩之門, 厥緣旣差, 息心遊往.
일찍이 의상(義湘) 법사와 함께, 현장 삼장(玄奘三藏)과 자은(慈恩)의 문하를 흠모하여 당나라에 들어가려 했으나, 그 인연이 차질이 생겨서 갈 생각을 그만두고 여기저기 돌아다녔다.

無何發言狂悖, 示跡乖疎. 同居士入酒肆倡家, 若誌公持金刀鐵錫. 或製疏以講雜華, 或撫琴以樂祠宇, 或閭閻寓宿, 或山水坐禪, 任意隨機, 都無定檢.
얼마 안되어, 말하는 것이 사납고 함부로 하였으며 행적을 나타냄이 어그러지고 거칠었으니, 거사들과 함께 주막이나 기생집에 드나들었다. 지공(誌公) 법사처럼 금속으로 된 칼이나 쇠로 된 석장(錫杖)을 가지고 있으면서, 혹은 소(疏)를 지어 잡화[화엄경]을 강론하기도 하고 혹은 거문고를 어루만지며 사당에서 즐기기도 하였으며, 혹은 여염집에 기숙하기도 하고, 혹은 산이나 강가에서 좌선(坐禪)을 하기도 하였으니, 마음내키는 대로 하여 도무지 일정한 법식이 없었다.

時國王置, 偏搜碩德, 本州以名望擧進之, 諸德惡其爲人, 譖王不納.
당시에 국왕이 백고좌 인왕경 대회(百高座仁王經大會)를 개설하고서 대덕을 두루 구하였다. 본주[湘州]에서 명망으로써 그를 천거하였으나, 여러 고덕들이 그 사람됨을 미워하여 왕에게 참소하여 들여보내지 않게 하였다.

居無何, 王之夫人, 腦嬰癰腫, 醫工絶驗. 王及王子臣屬, 禱諸山川靈祠, 無所不至.
有巫覡言曰, "苟遣人往他國求藥, 是疾方瘳."
王乃發使泛海入唐, 募其醫術.
얼마 안 있어 왕의 부인이 머리에 악성의 종기[癰腫옹종]가 생겼는데, 의공(醫工)들도 효험을 내지 못하니, 왕과 왕자와 신하들이 산천의 신령한 사당에 기도를 드려 이르지 않은 곳이 없었다.
어떤 무당이 말하기를, "만일 사람을 시켜 다른 나라에 가게 해서 약을 구하면 이 병이 곧 나을 것입니다."라고 하였다.
왕이 이에 사신을 선발하여 바다를 건너 당에 들어가서 그 치료 방법을 찾게 하였다.

溟漲之中, 忽見一翁, 由波濤躍出登舟, 邀使人入海,
覩宮殿嚴麗, 見龍王, 王名鈐海.
그런데 남쪽 바다[溟漲명창] 가운데에서 갑자기 한 노인이 나타나서 파도에서 뛰쳐나와 배에 올라가서 사신을 맞이하여 바다 속으로 들어갔다. 그리고 궁전의 장엄함과 화려함을 보여주고 용왕에게 알현시켰으니, 용왕의 이름은 검해(鈐海)였다.

謂使者曰, "汝國夫人, 是靑帝第三女也. 我宮中先有金剛三昧經, 乃二覺圓通, 示菩薩行也. 今託仗夫人之病, 爲增上緣, 欲附此經, 出彼國流布耳." 於是將三十來紙, 重沓散經, 付授使人, 復曰, "此經度海中, 恐罹魔事." 王令持刀裂使人腨腸, 而內于中, 用蠟紙纏縢, 以藥傅之, 其腨如故.
용왕이 사신에게 말하기를, "너희 나라 왕비는 청제(靑帝)의 셋째 딸이다. 우리 용궁에 예전부터 〈금강삼매경〉이 있었는데, 곧 두 가지 깨달음[二覺]이 원만히 통하고 보살행(菩薩行)을 나타내었다. 이제 왕비의 병에 의탁하여 증상연(增上緣)을 삼아 이 경전을 부쳐서 저 나라에 출현시켜 유포시키고자 할 따름이다."라고 하였다. 이에 삼십 장쯤 되는 중첩된 흩어진 경전을 사신에게 주면서 다시 말하기를, "이 경전이 바다를 건너가는 도중에 마구니의 장난[魔事]에 걸릴 지도 모른다."라고 하고, 용왕이 칼을 가지고 사신의 장단지[腨腸천장]를 찢어 그 속에 넣고서 밀납 종이로 봉하여[纏縢전등] 약을 바르니, 장단지가 예전과 같았다.

龍王言, "可令大安聖者, 銓次綴縫, 請元曉法師, 造疏講釋之, 夫人疾愈無疑. 假使雪山阿伽陀藥力, 亦不過是." 王送出海面, 遂登舟歸國.
용왕이 말하기를, "대안(大安) 성자로 하여금 차례를 매겨[銓次] 꿰매게 하고, 원효 법사를 청하여 주석을 지어 강론하게 하면, 왕비의 병이 낫는 것은 의심할 바 없을 것이다. 가령 설산(雪山)의 아가타 약의 효력도 이것보다 지나치지 않을 것이다."라고 하였다. 용왕이 전송하여 해면에 나와서 드디어 배에 올라 귀국하였다.

時王聞而歡喜, 乃先召大安聖者, 黏次焉.
당시에 왕이 듣고서 기뻐하여 곧 먼저 대안 성자를 불러 차례에 따라 묶게 하였다.

大安者, 不測之人也. 形服特異, 恒在市鄽, 擊銅鉢, 唱言大安大安之聲, 故號之也.
대안이라는 사람은 헤아리기 어려운 사람이었는데, 형색과 차림새가 특이하였으며, 항상 저잣거리에서 동(銅)으로 만든 발우를 치며 "크게 편안하시오[大安]. 크게 편안하시오."라고 외쳤기 때문에 그렇게 이름한 것이다.

王命安, 安云, "但將經來, 不願入王宮閫."
安得經, 排來成八品, 皆合佛意. 安曰, "速將付元曉講. 餘人則否."
왕이 대안에게 명하니, 대안이 말하기를, "경전만 가져오십시오. 왕의 궁궐에는 들어가고 싶지 않습니다."라고 하였다.
대안이 경전을 얻고서 배열하여 여덟 품(品)을 만드니, 모두 부처님의 뜻에 합치하였다. 대안이 말하기를, "빨리 원효에게 가져다 주어 강론하게 하십시오. 다른 사람은 안 됩니다."라고 하였다.

曉受斯經, 正在本生湘州也. 謂使人曰, "此經以本始二覺爲宗. 爲我備角乘, 將案几在兩角之間, 置其筆硯." 始終於牛車造疏, 成五卷.
원효가 이 경전을 받은 것은 바로 그 고향인 상주에 있을 때였다. 원효가 사신에게 말하기를, "이 경은 본각(本覺)과 시각(始覺)의 두 가지 깨달음을 종지로 삼고 있습니다. 나를 위하여 소가 끄는 수레를 준비하여 책상을 두 뿔 사이에 두고 붓과 벼루를 놓아 주십시오."라고 하고, 시종 소가 끄는 수레에서 주석[疏]을 지어 다섯 권을 만들었다.

王請剋日於黃龍寺敷演, 時有薄徒, 竊盜新疏.
以事白王, 延于三日, 重錄成三卷, 號爲略疏.
왕이 요청하여 날을 정하여 황룡사에서 설법하기로 하였는데, 당시 경박한 종도(宗徒)가 새로 지은 주석을 훔쳐갔다. 이 사실을 왕에게 아뢰어 사흘을 연기하여 다시 써서 세 권을 만들었으니, 이것을 <약소(略疏)>라고 한다.

泊乎王臣道俗, 雲擁法堂, 曉乃宣吐有儀, 解紛可則, 稱揚彈指, 聲沸于空.

왕과 신하, 승려와 속인에 이르기까지 법당을 구름처럼 에워싸자, 원효가 이에 설법함에 위의가 있었으며, 얽힌 것을 풀어줌에 법칙으로 삼을 만하였으니, 칭찬하고 감탄하여 그 소리가 허공에 치솟았다.

曉復唱言曰, "昔日採百椽時, 雖不預會, 今朝橫一棟處, 唯我獨能." 時諸名德, 俯顏慚色, 伏膺懺悔焉.

원효가 다시 소리 높혀 말하기를, "예전에 백 개의 서까래를 고를 때에는 비록 그 모임[百高座]에 참석하지 못했으나, 오늘 아침 한 개의 들보를 놓는 곳에서는 나만이 할 수 있구나."라고 하였다. 당시 모든 유명한 고덕들이 얼굴을 숙여 부끄러워 하고 진심으로 참회하였다.

初曉示跡無恒, 化人不定, 或擲盤而救衆, 或噀水而撲焚, 或數處現形, 或六方告滅, 亦盃度誌公之倫歟.

처음에 원효가 행적을 보인 것이 일정함이 없었으며, 사람들을 교화하는 것에 고정됨이 없었다. 혹은 소반을 던져 대중을 구하기도 하고, 혹은 물을 뿜어 화재를 진압하기도 하였으며, 혹은 여러 곳에서 형체를 나타내기도 하고, 혹은 모든 곳에 입멸할 것을 고하기도 하였으니, 배도(盃度)나 지공(誌公)의 무리와 같았다.

其於解性, 覽無不明矣, 疏有廣略二本, 俱行本土. 略本流入中華, 後有翻經三藏, 改之爲論焉.

그 신해(神解)한 성품에 있어서 보기만 하면 분명하지 아니함이 없었다. 소(疏)에 광략(廣略)의 두 본이 있으니, 모두 본토에 유행하였다. 약본은 중국에 유입되어 뒤에 번경 삼장[翻經三藏]이 그것을 고쳐 논(論)이라고 하였다.

系曰, 海龍之宮, 自何而有經本耶? 通曰, 經云龍王宮殿中, 有七寶塔, 諸佛所說諸深義, 別有七寶篋滿中盛之, 謂十二因緣總持三昧等.

良以此經, 合行世間, 復顯大安曉公神異, 乃使夫人之疾, 爲起敎之大端者也.

덧붙여 말한다. 바다의 용궁은 어디로부터 경본(經本)을 가지고 있게 되었는가? 통석(通釋)하기를, '경(經)에 이르기를, 용왕의 궁전에 칠보탑이 있고, 모든 부처님께서 말씀하신 모든 심오한 교의가 각각 칠보의 상자에 가득히 담겨 있었으니, 십이인연과 총지(總持)와 삼매 등이다.'

진실로 이 경전을 세간에 유행시키고 다시 대안과 효공(曉公)의 신이함을 나타내었으니, 이에 왕비의 병으로 하여금 가르침을 일으키는 큰 단서로 삼은 것이다.

- [송고승전] 제4권, [원효전]

3. 법화경 약찬게

◆ 法華經 略纂偈 ◆
법화경 약찬게

一乘妙法蓮華經 寶藏菩薩略纂偈　일승묘법연화경 보장보살약찬게
南無華藏世界海 王舍城中耆闍崛　나무화장세계해 왕사성중기사굴
常住不滅釋迦尊 十方三世一切佛　상주불멸석가존 시방삼세일체불
種種因緣方便道 恒轉一乘妙法輪　종종인연방편도 항전일승묘법륜

與比丘衆萬二千 漏盡自在阿羅漢　여비구중만이천 누진자재아라한
阿若憍陳大迦葉 優樓頻螺及伽耶　아야교진대가섭 우루빈나급가야
那提迦葉舍利弗 大目犍連迦旃延　나제가섭사리불 대목건련가전연
阿㝹樓馱劫賓那 憍梵波提離婆多　아누루타겁빈나 교범파제이바다
畢陵伽婆薄拘羅 摩訶俱絺羅難陀　필릉가바박구라 마하구치라난타
孫陀羅與富樓那 須菩提者與阿難　손타라여부루나 수보리자여아난
羅睺羅等大比丘 摩訶波闍波提及　라후라등대비구 마하파사파제급
羅睺羅母耶輸陀 比丘尼等二千人　라후라모야수다 비구니등이천인

摩訶薩衆八萬人 文殊師利觀世音　마하살중팔만인 문수사리관세음
得大勢與常精進 不休息及寶掌士　득대세여상정진 불휴식급보장사
藥王勇施及寶月 月光滿月大力人　약왕용시급보월 월광만월대력인
無量力與越三界 跋陀婆羅彌勒尊　무량력여월삼계 발타바라미륵존
寶積導師諸菩薩 釋提桓因月天子　보적도사제보살 석제환인월천자

普香寶光四天王 自在天子大自在　보향보광사천왕 자재천자대자재
娑婆界主梵天王 尸棄大梵光明梵　사바계주범천왕 시기대범광명범
難陀龍王跋難陀 娑伽羅王和修吉　난타용왕발난타 사가라왕화수길
德叉阿那婆達多 摩那斯龍優鉢羅　덕차아나바달다 마나사용우발라
法緊那羅妙法王 大法緊那持法王　법긴나라묘법왕 대법긴나지법왕
樂乾闥婆樂音王 美乾闥婆美音王　악건달바악음왕 미건달바미음왕
婆雉佉羅騫駄王 毘摩質多羅修羅　바치거라건타왕 비마질다라수라
羅睺阿修羅王等 大德迦樓大身王　라후아수라왕등 대덕가루대신왕
大滿迦樓如意王 韋提希子阿闍世　대만가루여의왕 위제희자아사세

各與若干百千人　佛爲說經無量義　　각여약간백천인 불위설경무량의
無量義處三昧中　天雨四華地六震　　무량의처삼매중 천우사화지육진
四衆八部人非人　及諸小王轉輪王　　사중팔부인비인 급제소왕전륜왕
諸大衆得未曾有　歡喜合掌心觀佛　　제대중득미증유 환희합장심관불
佛放眉間白毫光　光照東方萬八千　　불방미간백호광 광조동방만팔천
下至阿鼻上阿迦　衆生諸佛及菩薩　　하지아비상아가 중생제불급보살
種種修行佛說法　涅槃起塔此悉見　　종종수행불설법 열반기탑차실견

大衆疑念彌勒問　文殊師利爲決疑　　대중의념미륵문 문수사리위결의
我於過去見此瑞　卽說妙法汝當知　　아어과거견차서 즉설묘법여당지
時有日月燈明佛　爲說正法初中後　　시유일월등명불 위설정법초중후
純一無雜梵行相　說應諦緣六度法　　순일무잡범행상 설응제연육도법
令得阿耨菩提智　如是二萬皆同名　　영득아뇩보리지 여시이만개동명
最後八子爲法師　是時六瑞皆如是　　최후팔자위법사 시시육서개여시

妙光菩薩求名尊　文殊彌勒豈異人　　묘광보살구명존 문수미륵기이인
德藏堅滿大樂說　智積上行無邊行　　덕장견만대요설 지적상행무변행
淨行菩薩安立行　常不輕士宿王華　　정행보살안립행 상불경사수왕화
一切衆生喜見人　妙音菩薩上行意　　일체중생희견인 묘음보살상행의
莊嚴王及華德士　無盡意與持地人　　장엄왕급화덕사 무진의여지지인
光照莊嚴藥王尊　藥上菩薩普賢尊　　광조장엄약왕존 약상보살보현존
常隨三世十方佛　日月燈明燃燈佛　　상수삼세시방불 일월등명연등불
大通智勝如來佛　阿閦佛及須彌頂　　대통지승여래불 아촉불급수미정

獅子音佛獅子相　虛空住佛常滅佛　　사자음불사자상 허공주불상멸불
帝相佛與梵相佛　阿彌陀佛度苦惱　　제상불여범상불 아미타불도고뇌
多摩羅佛須彌相　雲自在佛自在王　　다마라불수미상 운자재불자재왕
壞怖畏佛多寶佛　威音王佛日月燈　　괴포외불다보불 위음왕불일월등
雲自在燈淨明德　淨華宿王雲雷音　　운자재등정명덕 정화수왕운뢰음
雲雷音宿王華智　寶威德上王如來　　운뢰음수왕화지 보위덕상왕여래
如是諸佛諸菩薩　已今當來說妙法　　여시제불제보살 이금당래설묘법

於此法會與十方　常隨釋迦牟尼佛　　어차법회여시방 상수석가모니불
雲集相從法會中　漸頓身子龍女等　　운집상종법회중 점돈신자용녀등
一雨等澍諸樹草　序品方便譬喩品　　일우등주제수초 서품방편비유품

信解藥草授記品 化城喩品五百第	신해약초수기품 화성유품오백제
授學無學人記品 法師品與見寶塔	수학무학인기품 법사품여견보탑
提婆達多與持品 安樂行品從地踊	제바달다여지품 안락행품종지용
如來壽量分別功 隨喜功德法師功	여래수량분별공 수희공덕법사공

常不輕品神力品 囑累藥王本事品	상불경품신력품 촉루약왕본사품
妙音觀音普門品 陀羅尼品妙莊嚴	묘음관음보문품 다라니품묘장엄
普賢菩薩勸發品 二十八品圓滿敎	보현보살권발품 이십팔품원만교
是爲一乘妙法門 支品別偈皆具足	시위일승묘법문 지품별게개구족
讀誦受持信解人 從佛口生佛衣覆	독송수지신해인 종불구생불의부
普賢菩薩來守護 魔鬼諸惱皆消除	보현보살내수호 마귀제뇌개소제

不貪世間心意直 有正憶念有福德	불탐세간심의직 유정억념유복덕
忘失句偈令通利 不久當詣道場中	망실구게영통리 불구당예도량중
得大菩提轉法輪 是故見者如敬佛	득대보리전법륜 시고견자여경불
南無妙法蓮華經 靈山會上佛菩薩	나무묘법연화경 영산회상불보살
一乘妙法蓮華經 寶藏菩薩略纂偈	일승묘법연화경 보장보살약찬게

◈ 한글 법화경 약찬게 ◈

오직하나 일불승의 실상묘법 연화경을 보장보살 간략하게 게송으로 찬탄하니
연꽃으로 장엄한곳 화장장엄 세계바다 왕사성중 기사굴산 다른이름 영축산에
늘머물러 멸치않는 석가모니 부처님과 시방삼세 부처님께 지성으로 귀의하니
가지가지 인연들과 가지가지 방편도로 일승묘법 진리바퀴 영원토록 굴리소서

일만이천 비구대중 부처님과 함께하니 번뇌녹아 자재하고 공부마친 대아라한
오비구중 아야교진 두타제일 마하가섭 삼형제로 우루빈나 가야가섭 나제가섭
부처님의 양대제자 지혜제일 사리불과 신통제일 목건련이 부처님을 시위하고
논의제일 가전연과 지혜눈의 아누루타 천문역수 겁빈나와 해율제일 교범바제
욕심없는 이바다와 필릉가바 함께하고 무병장수 박구라와 설득귀재 구치라와
난타존자 손타라와 설법제일 부루나와 해공제일 수보리와 다문제일 아난다와
밀행제일 라훌라등 큰비구들 함께하네 부처님의 이모마하 파사파제 비구니와
라훌라의 모친으로 야수다라 비구니와 배우는이 다배운이 이천권속 자리하고

보살무리 팔만인은 불퇴전의 보살이니 문수사리 지혜보살 관세음불 자비보살

큰세력의 득대세와 끈기있는 상정진과 쉼이없는 불휴식과 보장보살 함께하고
약왕보살 용시보살 보월보살 월광보살 만월보살 대력보살 법회자리 함께하고
큰힘가진 무량력과 무심행자 월삼계와 발타바라 보살에다 도솔천주 미륵보살
보적보살 도사보살 이와같은 보살들과 석제환인 그의권속 이만천자 함께하고

명월천자 보향천자 보광천자 사천왕이 일만권속 함께하며 자재천자 대자재천
삼만권속 함께하고 사바계주 범천왕인 시기대범 광명대범 일만이천 권속이라
여덟용왕 있었으니 난타용왕 발난타와 사갈라왕 화수길과 덕차가와 아나바달
마나사왕 우발라로 그들각기 백천권속 서로서로 이끌어서 법화회상 모여들고
법긴나라 묘법긴나 대법긴나 지법긴나 각기백천 권속으로 삼삼오오 모여들며
악건달바 악음왕과 미건달바 미음왕이 그들각기 백천권속 손을잡고 모여들고
바치수라 거라수라 비마질다 라후수라 이들사대 아수라왕 백천권속 함께하며
대덕가루 대신가루 대만가루 여의가루 이들사대 가루라왕 백천권속 함께하고
위제희의 아들로서 마갈타국 아사세왕 백천권속 이끌어서 영산회상 모이었네

석가모니 부처님이 무량의경 설하시고 무량의처 삼매중에 결가부좌 하시오니
만다라꽃 대만다라 만수사꽃 대만수사 하늘에서 꽃비오고 땅에서는 육종진동
사부대중 천룡팔부 사람아닌 사람들과 작은나라 모든소왕 큰나라의 전륜왕과
모든대중 바라보니 전에없던 일인지라 환희심에 합장한채 부처님을 우러르네
석가모니 부처님이 미간백호 광명놓아 동방으로 일만팔천 널리세계 비추시니
아래로는 아비지옥 위로하늘 아가니타 중생들과 부처님과 대승보살 마하살이
부처님의 설법대로 가지가지 수행하고 열반하고 탑세우는 모든모습 보았어라

대중들이 의심하여 미륵보살 질문하니 문수사리 법왕자가 의심풀어 대답하되
내가과거 무량겁에 이런상서 보았는데 묘법설함 보았나니 그대들은 필히알라
그당시에 일월등명 부처님이 계시어서 바른법을 설하시매 처음중간 마지막이
순일하여 잡됨없어 깨끗한행 보이시니 근기따라 사제십이 육바라밀 설하시어
아뇩보리 일체종지 모두얻게 하셨으니 이와같이 이만부처 같은이름 일월등명
맨마지막 여덟왕자 모두법사 되었으니 그때에도 육종진동 이와모두 같았어라

묘광보살 구명보살 팔백명의 제자두니 문수보살 묘광이고 미륵보살 구명일세
덕장보살 견만보살 대요설의 보살이며 지적보살 상행보살 무변행의 보살이며
정행보살 안립행과 크신보살 상불경과 미리내의 별들왕자 수왕화의 보살이며
일체중생 희견인은 최고가는 보살이고 묘음보살 상행의는 다시없는 대승보살
장엄왕과 화덕보살 묘음품의 보살이고 무진의와 지지보살 보문품의 보살이라

광조장엄 약왕존과 약상보살 보현존은 법화회상 가운데에 없어서는 안될보살
시방삼세 부처님을 항상따라 배우나니 일월등명 시작으로 연등불로 이어지고
대통지승 여래불과 아촉불과 수미정불 또한과거 부처로서 중생들을 이끄시며

굵은음성 사자음불 위엄높은 사자상불 허공중에 머문부처 번뇌상멸 부처님과
제상불과 범상불과 극락정토 아미타불 세간고뇌 건져주는 도고뇌의 부처님과
전단향의 다마라불 으뜸신통 수미상불 구름처럼 걸림없는 운자재불 자재왕불
공포부순 괴포외불 갖은보배 다보불과 위음왕불 일월등명 무량겁전 부처님과
운자재등 부처님과 정명덕왕 부처님과 정화수왕 부처님과 운뢰음왕 부처님과
구름우레 벽력같은 별들지혜 수왕화지 값진보배 크신위엄 보위덕상 부처님등
이와같은 모든부처 모든보살 설법하니 이전설법 지금설법 장차설법 끝없어라

이법회에 모인대중 시방세계 대중들이 석가모니 부처님을 항상좇아 배우나니
구름뫼듯 서로모여 법회중에 함께하고 사리불은 점비이고 팔세용녀 돈법인데
같은비가 모든수초 동등하게 내리듯이 부처님의 방편설법 모든중생 이끄시네
이십팔품 열거하면 서품방편 비유품과 신해약초 수기품은 일이삼품 사오륙품
화성유품 오백제자 수학무학 칠팔구품 열번째로 법사품과 열한번째 견보탑품
열두번째 제바달다 권지품이 열세번째 안락행품 종지용출 십사십오 품이되며
여래수량 분별공덕 십륙십칠 품이면서 수희공덕 법사공덕 십팔십구 품일러라

스무번째 상불경품 스물하나 여래신력 촉루품은 이십이품 약왕본사 이십삼품
묘음보살 이십사품 관음보문 이십오품 이십육은 다라니품 이십칠은 묘장엄품
보현보살 권발품이 마무리를 장식하니 일곱권에 이십팔품 원만교설 아름답네
이것이곧 일승묘법 법화경의 법문으로 지품마다 게송들이 모두모두 구족하니
독송하고 수지하고 믿고이해 하는자들 말씀따라 태어나니 부처님옷 덮어주고
보현보살 다가와서 그를수호 하여주니 마귀들의 괴롭힘은 한결같이 사라지네

세간사에 탐착않고 마음과뜻 올곧으며 올바르게 기억하면 그복덕이 한량없고
잊고있던 구절게송 생생하게 떠오르고 머지않아 법화회상 도량중에 나아가서
큰보리를 얻게되고 묘법륜을 굴리나니 그러므로 만나는자 여불대접 공경하네
실상묘법 연화경의 영산회상 불보살님 두손모아 마음모아 지성귀의 하나이다
오직하나 일불승의 실상묘법 연화경을 보장보살 게송으로 이와같이 찬탄하네

법화경종요法華經宗要

지은이_원효
옮긴이_권희재

개정판 1쇄 발행일_2024년 7월 1일
펴낸곳_나무지혜 | 출판등록 2022년 10월 20일 제2022-000073호
주소_서울시 은평구 연서로 34길 11-1 은평창업지원센터
전화번호_010-3509-6513
팩스_0504-252-6513
홈페이지_www.badajihye.co.kr
전자우편_behindname@naver.com

표지그림_조이락 Irak7@naver.com

가격_12,500원
ISBN_979-11-981484-2-1 03220

본 책은 2017년 8월 1일 초판 발행된 [법화경종요와 간추린 법화경]의 개정판입니다.
이전판에서 간추린 법화경이 분리되고 법화경종요가 개정되어 이번 판으로 새로 출간되었습니다.

정가 12,500원